Hacedores íntegros de la Palabra
Una introducción a la Epístola de Santiago

Jonathan Lamb

HACEDORES ÍNTEGROS DE LA **PALABRA**

Una introducción a la Epístola de Santiago

SERIE RECURSOS LANGHAM PREDICACIÓN

Hacedores íntegros de la Palabra
Una introducción a la Epístola de Santiago
Jonathan Lamb

Título original en inglés: Godliness from Head to Toe
Langham Preaching Resources, Carlisle, Cumbria, United Kingdom
© 2018 Jonathan Lamb
© 2018 Langham Preaching Resources

© 2022 Centro de Investigaciones y Publicaciones (CENIP) – Ediciones Puma
Hecho el Depósito Legal en la Biblioteca Nacional del Perú N° 2022-03074
Primera edición impresa: abril 2022

Categoría: Religión - Estudios bíblicos - Nuevo Testamento

ISBN N° 978-612-5026-12-5 | Edición impresa
ISBN N° 978-612-5026-13-2 | Edición digital

Editado por:
© 2022 Centro de Investigaciones y Publicaciones (CENIP) – Ediciones Puma
Av. 28 de Julio 314, Int. G, Jesús María, Lima
Apartado postal: 11-168, Lima - Perú
Telf.:   (511) 423–2772
E-mail: administracion@edicionespuma.org
              ventas@edicionespuma.org
Web: www.edicionespuma.org
Ediciones Puma es un programa del Centro de Investigaciones y Publicaciones (CENIP)

Traducción y edición: Alejandro Pimentel
Diseño de carátula: Eliezer D. Castillo P.
Diagramación: Hansel J. Huaynate Ventocilla

ISBN N° 978-612-5026-12-5

Contenido

Primera parte
Los pies que andan por el camino de la sabiduría
Santiago 1

Segunda parte
Las manos que cumplen las obras de la fe
Santiago 2

Tercera parte
Los labios que hablan la verdad
Santiago 3

Cuarta parte
Los corazones que obedecen a Dios
Santiago 4.1–5.6

Quinta parte
Las rodillas que confían en la gracia de Dios
Santiago 5.7–20

Introducción

A primera vista, la Epístola de Santiago aparenta ser una carta incómoda y alarmante. Se nos hace imposible ignorar sus insistentes exigencias a no solo escuchar la Palabra de Dios, sino también a poner en práctica lo que dice. Nos hace recordar la manera en que Jesús hacía preguntas directas: «¿Por qué me llaman ustedes "Señor, Señor", y no hacen lo que les digo?» (Lc 6.46).

Sin embargo, si prestamos atención a lo que leemos, descubriremos escondidas por toda la epístola algunas promesas y estímulos importantes para aquellos que se han comprometido a seguir el camino de la obediencia constante. El llamado que nos ofrece no debe ser reducido a una serie de exhortaciones morales, porque de una manera constante nos hace saber que Dios viene en nuestro auxilio por medio de su palabra, su Espíritu y su pueblo. Nos da la seguridad de que Dios nos otorga su gracia para que vivamos según lo que exige de nosotros.

Cualquiera que se anime a enseñar o escribir respecto a la Epístola de Santiago, sentirá el peso de uno de sus tantos retos: «Hermanos míos, no pretendan muchos de ustedes ser maestros, pues, como saben, seremos juzgados con más severidad» (Stg 3.1). Hace unos pocos años atrás, estuve muy consciente de ello cuando tuve que preparar una ponencia bíblica para la Convención de Keswick, y ahora que preparo este estudio, me ha sucedido lo mismo. Deseo expresar mi gratitud a todos aquellos que me han brindado su apoyo por medio de sus oraciones durante mis predicaciones en torno al tema, así como para esta tarea que tengo delante de mí. También quiero agradecer a mi esposa Margaret, quien pacientemente ha sabido enfrentar las tantas horas que he debido ausentarme para preparar este escrito.

Si bien el texto de esta guía de estudio se basa en una serie de sermones, los he adaptado para que, espero yo, logren animar y promover un mayor estudio individual y grupal de las Sagradas Escrituras. Obviamente, no solo debemos estudiar toda la Biblia, sino también llevarla a la práctica con rigor. De entre todos los libros de las Escrituras, quizá el de Santiago sea el único que de una manera especial nos invoca a vivir su contenido. Roguemos a Dios para que nos otorgue su gracia y determinación, a fin de que seamos íntegros hacedores de su Palabra.

Jonathan Lamb
Oxford, marzo de 2018

Cómo sacarle provecho
a este libro

En este estudio bíblico desentrañaremos la Epístola de Santiago. Deberíamos esperar que, en una carta tan breve como esta, los temas se desarrollen de una manera secuencial y lógica. Sin embargo, descubriremos que hay temas similares que surgen a la superficie en varias ocasiones a lo largo del libro, lo cual recalca el propósito del autor por promover una vida cristiana práctica. Así como los muebles se fabrican con un acabado muy pulido al estilo francés, Santiago usa un estilo pedagógico elíptico o repetitivo que repasa temas familiares y de esta manera los refuerza y refina.

Si bien es cierto que a veces es difícil identificar en esta epístola la idea central de cada capítulo o sección, hemos tratado de expresar cada uno en torno a una idea que agrupe todas las demás. Cada una de estas ideas se relacionan con las distintas partes del cuerpo humano: los pies, las manos, los labios, el corazón y las rodillas. Lo hacemos para dar a conocer el propósito que Santiago tiene para que toda la vida cristiana manifieste una genuina imagen de Cristo.

Las preguntas que se incluyen en cada capítulo son útiles para que podamos identificarnos con los principios que se desarrollan en los comentarios respecto de nuestras propias vidas y contextos. Podrás usar esta guía para tus propias meditaciones devocionales o como parte de un estudio bíblico.

Cómo usar este libro para estudios individuales

Empieza con una oración y luego lee un pasaje bíblico específico junto con sus comentarios. Hazlo varias veces antes de leer las preguntas. Quizá sea valioso que escribas tus respuestas junto con otras ideas que se te vengan a la cabeza. Te será de mucha ayuda poner por escrito tus pensamientos porque te hará reflexionar acerca de los temas tratados y sobre el modo como se relacionan con tu propio contexto. También te servirá de aliento que repases lo que Dios te ha estado enseñando hasta este momento. Comparte con un amigo lo que vayas aprendiendo. Oren juntos para que seas capaz de poner en práctica todas estas nuevas lecciones en tu vida.

Cómo usar este libro en un grupo de estudio: consejos para la persona que lo dirige

Como antesala del estudio, dedícate a la oración y lee varias veces el pasaje específico de la Biblia y sus comentarios pertinentes. Recurre también a otras fuentes, como diccionarios bíblicos o comentarios, si tienes acceso a ellas.

Damos a conocer la idea central del pasaje al principio de cada capítulo, por lo cual debes promover dicha verdad en el grupo. Con ello en mente, decide a qué preguntas y actividades le dedicarás el mayor tiempo. Podrás también añadir preguntas que creas conveniente para tu grupo o contexto de tu congregación.

Antes de que la gente se reúna cada semana para el estudio bíblico, anímalos a que lean de antemano el pasaje y sus comentarios. Asegúrate de dejar un tiempo al final del estudio en la sección «Para reflexionar», con el propósito de que los participantes del grupo puedan poner en práctica en sus propias situaciones lo que han aprendido.

Cómo predicar la Epístola de Santiago

Un consejo para los predicadores: este libro ha sido publicado por Langham Predicación, y en la actualidad hay movimientos de Langham Predicación en varias partes del mundo. Animamos a que los predicadores se concentren en tres preguntas, con la esperanza de que estos puntos de alguna manera se manifiesten en esta guía de estudio.

- ► En primer lugar, *¿estoy tratando el pasaje bíblico con fidelidad?*, ¿estoy dando a conocer el significado del pasaje con el fin de manifestar genuinamente el propósito original que el autor quería que entendieran sus destinatarios?
- ► En segundo lugar, *¿estoy siendo claro?*, ¿es adecuada la manera en que presento el mensaje para que los oyentes o lectores verdaderamente entiendan el ímpetu y el desarrollo del pasaje?
- ► En tercer lugar, *¿estoy siendo pertinente?*, ¿estoy comunicándome con las vidas de mis oyentes?, ¿les estoy demostrando la manera en que el pasaje bíblico se conecta con los retos de sus vidas personales, familiares y eclesiales?, ¿logro corresponder a las actitudes y el modo de ver la vida de su cultura?

Se trata de tres preguntas muy pertinentes para todos los que deseen explicar algún pasaje de la Biblia, ya sea en la predicación, en grupos de estudio o en conversaciones individuales.

Primera parte

Los pies que andan por el camino de la sabiduría

Santiago 1

Los pies que andan
por el camino de la sabiduría

Introducción a la primera parte

Hace poco leí acerca de un piloto que practicaba maniobras de alta velocidad en un avión de caza. Había dirigido la aeronave en la dirección que él creía que era de ascenso empinado, pero en realidad se estrelló contra la tierra. El piloto ignoró el hecho de que volaba invertido. El que contó la anécdota nos dice que es una especie de parábola para nuestros tiempos, cuando vivimos a altas velocidades, pero ignoramos si vamos al revés o al derecho. De ello se trata el problema de vivir la vida sin referentes externos.

Las preguntas más básicas que la gente se formula cada vez más en nuestros tiempos son las siguientes: ¿cómo debo vivir mi vida?, ¿dónde están los referentes externos?, ¿será que hay alguna brújula moral que pueda usar para decidir qué es lo correcto o lo incorrecto?, ¿cuál es el marco de referencia que dirige mi vida?

Durante la más reciente crisis económica mundial, hubo muchas quejas respecto de la gente que no obedece las reglas, pero no tanto sobre los dirigentes que demuestran no tener los valores morales más básicos. Un ministro del Gobierno inglés, que había sido nombrado para fiscalizar el desorden financiero de la ciudad de Londres, afirmó que la banca «carecía alarmantemente de un claro propósito moral». Y parece que esto es el elemento que falta: un *marco de referencia moral* que dirija nuestros juicios de valor.

No hace mucho, hubo un acalorado debate en torno a un folleto informativo del Gobierno del Reino Unido en torno a la educación sexual. Las recomendaciones del folleto rogaban encarecidamente que los padres de familia debían evitar aconsejar a sus hijos respecto de las diferencias entre lo correcto y lo incorrecto. Más bien, afirmaba que el consejo debía ser imparcial. Uno de los diarios citó las palabras de uno de los psicólogos que defendía dicha recomendación: «No sabemos qué es correcto e incorrecto; lo correcto y lo incorrecto son asuntos relativos».[1] Esta postura es como si jugásemos al fútbol sin arcos para el portero. Uno podría hacer malabares con la pelota e incluso realizar unos pases espectaculares, pero ¿de qué serviría todo ello? A la mayoría de la gente le concierne lo correcto y lo incorrecto, pero no tienen a su disposición una guía que los ayude a determinar las categorías morales para tomar decisiones.

Mucha gente joven sospecha que nuestras sociedades enfrentan estos asuntos morales como pueden, y se las ingenian para resolverlos.

> ¿Se te ocurren algunos ejemplos de tu contexto donde te queda claro que tu sociedad o comunidad sufre de confusión moral y espiritual?
>
> ¿Crees que estos temas han logrado impactar también a los creyentes? ¿De qué maneras crees que ha sucedido?

Si nuestras sociedades sufren de confusión moral y espiritual, de dudas respecto a cómo vivir la vida, ¿cómo podemos los creyentes corregir esto? El gran reto que nos confronta cuando abordamos la Epístola de Santiago es el siguiente: ¿cómo podemos vivir sabiamente? Dado todo lo que decimos acerca de la fe cristiana, ¿cómo en realidad estamos viviendo?, ¿será que hay alguna prueba auténtica y creíble de la fe cristiana que realmente funcione? Respecto de ello, la Epístola de Santiago es muy pertinente. La mayor preocupación de Santiago es cómo vivir de una manera íntegra, cómo reunir todos los aspectos de la vida. El apóstol desea ver que cada parte de la vida y de la comunidad manifieste la realidad de la fe cristiana. Quiere una fe que funcione.

---

[1] *The Times*, 22 de febrero de 2009.

La idea en torno a ser perfecto o íntegro aparece por toda la epístola y se presenta inicialmente en el capítulo 1, versículo 4: «Y la constancia debe llevar a feliz término la obra, para que sean perfectos e íntegros, sin que les falte nada». A Santiago le encanta este juego de palabras. Los términos griegos «perfecto» e «íntegro» aparecen siete veces en la epístola (coincide con el número que representa la perfección).

Esta es la razón por la que hemos titulado esta obra *Hacedores íntegros de la Palabra*, porque a Santiago le interesa justamente ello. Si bien es cierto que es difícil clasificar bajo un tema cada capítulo de la carta, lo hemos hecho de esta manera:

Los pies que andan por el camino de la sabiduría
Las manos que cumplen las obras de la fe
Los labios que hablan la verdad
Los corazones que obedecen a Dios
Las rodillas que confían en la gracia de Dios

Esta invocación para vivir una vida cristiana íntegra es lo contrario a lo que Santiago llama una persona «indecisa e inconstante» (1.8). Más adelante, repasaremos esta idea varias veces. Santiago no quiere que lleguemos a un acuerdo con los valores del mundo. Más bien, debemos entregar nuestras vidas totalmente al Señor. Se trata de un llamado a tener integridad, a ser perfectos, es decir, a estar completos.

En los lugares donde suceden terremotos, es común realizar inspecciones de los edificios y puentes con el fin de comprobar la integridad estructural y verificar que todas las piezas encajen donde se supone deben encajar. El concepto de integridad nos sugiere una vida muy bien integrada o armada, es decir, que hay coherencia entre las distintas partes de la vida de la persona. El sistema de valores que decimos tener da forma a cada área de nuestra vida, ya sea pública o privada. Gracias a ello poseemos una cohesión en nuestra personalidad y estilo de vida. Algunos afirman que un término equivalente a integridad es *shalom*, palabra hebrea que da a entender que la vida posee cualidad de integridad y armonía. Los creyentes que viven sus vidas según esta cualidad merecen la confianza de los demás porque sus palabras, su carácter y sus obras manifiestan consistencia. Cada área de sus vidas es coherente.

Quizá alguna vez hayas visto un noticiero de la *tele* en el cual la señal de video y audio no están en sintonía. Nos produce risa y se nos hace difícil tomarlo en serio cuando tratamos de relacionar lo que vemos con lo que escuchamos. Lo mismo sucede cuando la vida de una persona no concuerda con lo que afirma y por ello la dejamos de escuchar. Esto es lo que destruye la credibilidad. Pero, cuando los cristianos llevan a la práctica sus palabras y cumplen sus promesas y encarnan la verdad, entonces logran edificar la comunidad cristiana y expandir su misión. Tan solo esta cualidad puede transformar la vida de nuestras congregaciones y darle credibilidad al testimonio cristiano.

Sería una buena idea, ahora que damos inicio a nuestro estudio, que dediquemos un tiempo de reflexión y confesión en silencio mientras reconocemos las maneras en que nuestras vidas «no están en sintonía». Presenta ante Dios los asuntos que no tienen coherencia en tu vida. Ruega a Dios por su perdón y su gracia, y, mientras estudias la Epístola de Santiago, pídele que te ayude a cambiar.

Santiago tiene mucho que enseñarnos respecto a vivir nuestras vidas según estos patrones acerca de caminar sabiamente. El capítulo 1 nos presenta este tema con una introducción a todo lo que el apóstol tratará a lo largo de su epístola. Es como un resumen general. Los primeros tres capítulos de esta guía de estudio abordarán el significado de caminar por la vía de la sabiduría, y analizaremos ello bajo los ítems: las pruebas, las tentaciones y la verdad.

Capítulo 1

Andar por el camino de la sabiduría cuando se sufren pruebas

Objetivo: Lograr entender cómo vivir una vida íntegra cuando se sufren presiones.

Tema

Todo creyente se enfrenta a pruebas de toda clase. La clave para saber vivir sabiamente es entender que de estas presiones, con la ayuda de Dios, podemos obtener resultados muy productivos. Esta manera de ver los hechos puede afectar radicalmente la forma en que nos enfrentamos a las dificultades.

Leer: Santiago 1.1–12

Versículo clave: Santiago 1.2

Bosquejo:
1. La constancia (1.3)
2. La madurez (1.4)
3. La sabiduría (1.5)
4. La perspectiva (1.9–12)

Santiago da la impresión de ser un predicador que te mira fijamente a los ojos, en vez de alguien que escribe una carta desde muy lejos. Es directo, incómodamente directo. Así que, cada vez que aborda un tema nuevo y exigente, podemos notar el rastro pastoral cuando lo desarrolla de una manera personal: «Mis queridos hermanos», nos dice; pero, inmediatamente encontramos en el versículo 2 su realismo práctico: «Considérense muy dichosos cuando tengan que enfrentarse con diversas pruebas». ¿Realismo? Suena más a fanatismo. ¿Acaso les parece delirante? ¿Considérense muy dichosos cuando tengan que enfrentarse con diversas pruebas?; esta frase no debería usarse muy a la ligera o de una manera insensible. Santiago pretende ayudar a los cristianos a que desarrollen un modo distinto de ver la vida. Antes de que analicemos lo que nos quiere decir, es importante que nos demos cuenta de que tiene varias razones que lo autorizan a ofrecer sus comentarios respecto a las pruebas de cualquier clase: entiende el asunto con perfecta claridad.

En primer lugar, la mayoría de las personas creen que el Santiago que escribió su epístola es el hermano de Jesús. (Ha habido cierto debate en torno a la cuestión de la autoría; puedes leer más al respecto en los comentarios que aparecen en las notas). En el versículo 1, Santiago no siente la necesidad de decirles a sus lectores quién de los Santiago es, lo cual nos sugiere que sus lectores lo conocían muy bien. Respecto de ello, el teólogo David Field escribió alguna vez: «Es como si recibiésemos una carta proveniente del Palacio de Buckingham en el Reino Unido con la firma "Elizabeth". Todos los ciudadanos británicos saben quién vive allí y, por tanto, es innecesario preguntar "¿cuál Elizabeth?"». Jacobo el hermano del Señor había logrado convertirse en el dirigente principal de la iglesia de Jerusalén. En el versículo 1 la epístola se dirige formalmente «a las doce tribus que se hallan dispersas por el mundo», lo cual constituye una manera de describir a las comunidades judeocristianas diseminadas por todo el orbe romano. Solamente un Santiago tiene aquella clase de autoridad entre los creyentes judíos: Jacobo el hermano del Señor, dirigente de la iglesia madre.[2]

---

[2] Nota del traductor: Aquí debo hacer una aclaración puntual. En el original griego hay un solo nombre para Jacobo o Santiago (Iákobos). Lo mismo sucede en inglés (James). La confusión se genera en español por las dos opciones antes mencionadas, y porque la gran mayoría de Biblias protestantes usan Jacobo para el hermano del Señor y Santiago para el autor de la epístola. En cambio, las Biblias católicas usan Santiago para identificar al hermano del Señor y al autor de la epístola. Detrás

Dicho sea de paso, nótese la manera en que Santiago se presenta en el versículo 1: «Santiago, siervo de Dios y del Señor Jesucristo». No menciona palabra alguna en torno a su grado de autoridad en la iglesia o el parentesco con Jesús, tampoco hace alarde de su rango o conexión familiar: sencillamente afirma «Santiago, siervo…».

Él pudo presenciar parte de los sufrimientos de su hermano, y también sabía del agobio que enfrentaban las comunidades dispersas de creyentes a quienes dirigía su epístola. Se trataba de una carta circular cuyo propósito era que se leyera en la mayor cantidad de iglesias posible y que se copiara su contenido para que fuera enviada a las comunidades judeocristianas en el mundo de la diáspora judía de aquel entonces. Era importante para aquellos creyentes que recién empezaban su vida cristiana que recibiesen formación respecto de la sabiduría de su Mesías: Jesús. Por ello, en Santiago encontramos muchas referencias al Antiguo Testamento o a enseñanzas conocidas de Jesús que aparecen en el Nuevo Testamento. Santiago estaba informado de sus sufrimientos: pobreza, agresiones, encarcelamientos, muertes. Podemos constatar ello en 2.6–7: «¡Pero ustedes han menospreciado al pobre! ¿No son los ricos quienes los explotan a ustedes y los arrastran ante los tribunales? ¿No son ellos los que blasfeman el buen nombre de aquel a quien ustedes pertenecen?». Es evidente que los creyentes encaraban carencias económicas, acciones legales y presiones sociales, todo ello por causa de su devoción a Jesucristo.

Muchos creyentes se dedicaban a la agricultura de subsistencia y encaraban adversidad y explotación; incluso la frase «de condición humilde» describía con precisión a muchos de ellos (1.9). Eran pobres y marginados, pertenecían a una comunidad que sufría opresión económica y persecución. Esta es una de las razones por las que, en

---

de estas dos opciones hay obviamente sesgos de interpretación, tanto para una tradición como para la otra (además de la evolución natural del nombre Santiago a partir del hebreo, del griego helenista, del latín y de sus lenguas romances). La aclaración se ofrece porque tanto la NVI como la RV60 ofrecen los dos nombres. Además, debo añadir que los personajes afectados de una manera u otra por esta ambigüedad son los siguientes: Santiago o Jacobo el Justo (hermano de Jesús), Santiago el Menor (hijo de Alfeo) y Santiago el Mayor (hijo de Zebedeo y hermano de Juan).

la actualidad, la Epístola de Santiago tiene prioridad para muchos creyentes de África y de muchos otros países en desarrollo; porque se identifican no solo con los ejemplos directos y las enseñanzas prácticas que ofrece para el diario vivir, sino también con sus sabios consejos y el aliento para los pobres.

Quizá tu situación y la mía sean distintas, pero cuando en el versículo 2 Santiago dice «cuando tengan que enfrentarse con diversas pruebas», podemos estar seguros de que nos incluye a mí y a ti. Es probable que los lectores de este estudio bíblico se están enfrentando ahora a una amplia gama de pruebas: la presión de un ambiente laboral hostil o una familia antagonista, la pérdida de un ser querido, el dolor de una relación destrozada, la desilusión de la rutina, los desafíos que genera el deterioro de la salud… ciertamente la lista es interminable.

Antes de pasar a la sección que nos ofrece aliento, enumera algunas de las situaciones que en el presente te causan agobio, es decir, las diversas pruebas que tú o alguien de tu iglesia esté encarando en estos momentos. Escríbelos en un papel o tenlos presente mientras analizamos los cuatro beneficios que Santiago nos presentará respecto a las pruebas. Asimismo, piensa en la manera en que estas cualidades podrían demostrarse en tu propia situación.

¿De qué modo podemos descifrar lo que afirma Santiago respecto de que debemos considerarnos afortunados y sentirnos «muy dichosos»? No es una falsa consolación que niega el dolor o la prueba, o que nos invoca a que exaltemos la presencia del mal. Tampoco se trata del poder del pensamiento positivo. Más bien, nos explica que las pruebas nos traen una clase especial de beneficios que nos ayudan a convertirnos en lo que realmente deberíamos ser. Es una parte del camino hacia la integridad.

La prueba de nuestra fe, que se describe en el versículo 3, contiene varios resultados positivos: destacaremos cuatro de ellos.

1. La constancia (1.3)

> … pues ya saben que la prueba de su fe produce constancia.
> (*v. 3*)

Por la gracia de Dios, las pruebas nos enseñan a resistir; nos dan las fuerzas para mantenernos firmes y no darnos por vencidos. Fortalecen nuestros músculos espirituales y producen una devoción madura. Douglas Moo sugiere que la palabra «constancia» evoca la imagen de una persona que sostiene con éxito una pesada carga durante un largo período de tiempo.[3] Algunos de mis lectores son así. Saben lo que implica aquel largo camino de cuidar a otra persona, una lucha contra alguna enfermedad o el peso de la entrega cristiana cuando los vientos y las mareas se oponen.

Jeremías escribió también respecto de esto. Soportó una serie de dificultades a lo largo de un periodo de cuarenta años mientras servía a Dios con fidelidad. Y Dios le prometió: «Hoy te he puesto como ciudad fortificada, como columna de hierro y muro de bronce, contra todo el país» (Jer 1.18). Dios le había dado fuerza de voluntad a un Jeremías pusilánime, haciéndolo más constante para el largo recorrido de un ministerio exigente.

En su libro sobre el discipulado, John Valentine escribió que nuestra cultura actual considera que «las enfermedades, los hospitales, las tristezas, la muerte y el dolor por la pérdida de un ser querido es algo difícil de sobrellevar, y que por ello se ignora todo o, por lo contrario, sale televisado en algún programa de entrevistas».[4] ¡Soy cristiano, sáquenme de aquí! Preferiríamos huir de las pruebas de cualquier clase. Sin embargo, es aquí donde Santiago nos ofrece mucha ayuda. La manera más sabia de enfrentar las pruebas, a pesar del dolor, es darnos cuenta de que son provechosas. Jesús nos recuerda que somos ramas de la vid y que, nos guste o no, debemos pasar por la poda para que demos

---

[3] Douglas J. Moo, *The Letter of James* (Leicester: Apollos, 2000), 55.

[4] John Valentine, *Follow Me* (Nottingham: IVP, 2009), 85. Nota del editor: en el original, el autor menciona el muy famoso programa de entrevistas en los EE. UU. que conduce Oprah Winfrey, y que tiene sus imitadores en el orbe hispanohablante, algunos con matices de telerrealidad, otros con contenido más serio.

frutos (Jn 15.1–8). Claro que produce dolor, pero la poda es el tributo que le damos al potencial del cristiano.

Como veremos a lo largo de estos capítulos, el apóstol Pablo siempre está de acuerdo con Santiago. Pablo dice en Romanos 5.3–4: «Y no solo en esto, sino también en nuestros sufrimientos, porque sabemos que el sufrimiento produce perseverancia; la perseverancia, entereza de carácter; la entereza de carácter, esperanza». Es justamente lo que enseña Santiago: vivir según la voluntad de Dios significa que las mismísimas pruebas producen entereza e integridad, y que sin ellas jamás podríamos alcanzar estas dos características.

¿Tienes en mente alguien que esté sufriendo con alguna carga muy pesada? Quizá forme parte de tu círculo de amigos, de tus familiares o de tu iglesia. Ruega a Dios que le conceda el don de la constancia.

¿De que manera crees que, como grupo, podrían aligerar la carga de los que sufren o apoyarlos en su situación presente? Quizá de esta forma tú logres formar parte del plan de Dios para ellos.

2. La madurez (1.4)

> Y la constancia debe llevar a feliz término la obra, para que
> sean perfectos e íntegros, sin que les falte nada. (*v. 4*)

Como hemos visto, para Santiago este es un tema central y usa una serie de palabras cuyo propósito es el énfasis. La palabra griega que la NVI y la RV60 traducen como «perfectos», en otras versiones aparece como «completos» (Nueva Biblia Española). Sin embargo, no debemos pensar que significa «sin pecado»; más bien se refiere a una persona cabal y consistente. Algunas Biblias parafrasean su significado y traducen el término griego como «la perfección y la integridad del carácter cristiano», es decir, la palabra griega designa a una persona completa que posee integridad. Dicha persona es lo opuesto a la indecisa e inconstante (vv. 6–8). Por tanto, cuando aparezcan las crisis o atravesemos una larga prueba, sabremos que estas producirán constancia y que estaremos en buen camino hacia la madurez cristiana. Ten presente que Dios nos ayuda durante este proceso (no nos falta nada [v. 4]) mientras nos va moldeando para alcanzar la forma que debemos tener.

Cuando te encuentres con creyentes que han pasado por pruebas durante un largo tiempo, te darás cuenta de que poseen una madurez cristiana completa. Advertirás que no es tan fácil que ningún viento los desvíe de su camino, pues por haber llevado una pesada carga, han desarrollado una musculatura espiritual y, obviamente, han experimentado la gracia de Dios. Han logrado crecer poco a poco hasta llegar a ser personas completas y auténticas; han conseguido ser cada vez más como Jesús.

Recuerdo a menudo lo que mi padre me decía cuando yo era niño: que los cristianos son como las bolsitas de té filtrante, porque su verdadera esencia solamente sale a relucir cuando les cae agua caliente.[5] La manera madura de reaccionar frente a las pruebas y la forma de mantenernos en el camino correcto, es darnos cuenta de que son parte del plan de Dios, incluso a pesar de que a veces no tienen explicación.

* * *

Piensa en algunos cristianos que conozcas y muestran aquella clase de madurez e integridad. ¿Qué llama tu atención de ellos? Trata de recordar las clases de presiones que han debido enfrentar. ¿De qué manera crees que han logrado expresar una vida cristiana según la imagen de Cristo?

¿Podrías señalar alguna manera en la cual las pruebas por las que estás pasando están logrando producir una mayor madurez en tu vida? Reconozco que no es nada fácil darse cuenta de ello uno mismo; quizá otros de tu grupo puedan ofrecerte ayuda al respecto.

* * *

---

5   Nota del editor: En esta parte, el autor usa el modismo inglés *to get into hot water*, que obviamente es intraducible al español, pero que lo hemos incluido porque la anécdota de la bolsita de té sirve como clave para aclarar el modismo. El equivalente en español de dicho modismo sería «con el agua hasta el cuello», pero de haberlo usado, la anécdota habría perdido su efecto.

3. La sabiduría (1.5)

> Si a alguno de ustedes le falta sabiduría, pídasela a Dios, y él
> se la dará, pues Dios da a todos generosamente sin menos-
> preciar a nadie. (*v. 5*)

A continuación, ofrecemos el siguiente resultado productivo. Las pruebas nos inducen a *orar*, a que reconozcamos que dependemos de Dios, a menudo por medio de ruegos desesperados por su ayuda. Deseamos con ansias su sabiduría. John Owen, el gran escritor puritano, recalcaba que en tiempos de pruebas lo que necesitamos es una capacidad de discernir según la norma divina, lo que él denominaba *godly judgment*. Necesitamos la sabiduría de Dios. La razón es que, cuando estamos bajo presión, podemos caer con facilidad en un estado de confusión. Quizá nos sintamos culpables y nos echemos la culpa de lo sucedido o tal vez sintamos ira, depresión y desesperanza; sin embargo, lo más común es sentirnos confundidos y desorientados. Cuando nuestro mundo se tambalea, nos agobiamos por no tener todas las respuestas a nuestras dudas, y rápidamente la situación se vuelve asfixiante. En dichas circunstancias, es vital que aprendamos a ver los hechos según la perspectiva de Dios, a quien no le interesa el conocimiento que se queda solamente en la cabeza. En realidad, no «sabemos» nada mientras no lo pongamos en práctica, mientras no logremos transformar la manera en que vivimos. De esto se trata la invocación que Santiago ofrece para ejercitar la sabiduría. Como alguien dijo alguna vez, el conocimiento es saber que la manzana es una fruta, y la sabiduría es usarla en una ensalada de frutas.

Para el apóstol, la vía que conduce a la sabiduría es aquella en la cual se realizan obras correctas y se vive de una manera obediente. Si la sabiduría consiste en saber cómo vivir según *la voluntad de Dios*, entonces el autor de Proverbios da en el blanco cuando nos invoca a poner la mirada en Él: «*Reconócelo* en todos tus caminos, y él allanará tus sendas» (el énfasis es nuestro) (Pr 3.6). Santiago nos invoca a hacer exactamente lo mismo: «Si a alguno de ustedes le falta sabiduría, pídasela a Dios, y él se la dará» (v. 5). Es una gran promesa. Cuando le pedimos a Dios por su gracia y su ayuda, nos las da generosa y gratuitamente. Incluso cuando estemos airados o confundidos, fijémonos en la importante frase del versículo 5: «Dios da a todos […] sin menospreciar a nadie».[6]

Sin embargo, cuando Santiago se refiere a la oración —y lo hace a menudo—, menciona varias condiciones que se deben cumplir. No debemos ser *indecisos*. Esta es una palabra que Santiago repite y describe por medio de símiles. No seas como el indeciso, que es como una pelota de playa a la que primero se la lleva el viento por doquier y luego el mar conduce en una dirección y otra. «Quien es así […] es indeciso e inconstante en todo lo que hace» (v. 8).

Como hemos dicho anteriormente, en nuestro mundo actual es muy fácil perder el sentido de dirección. Santiago habla de una mente agitada y distraída, la cual puede desconfiar de Dios con mucha facilidad. Debido a ello, intentamos confiar en muchas otras cosas más, pero el resultado de ello se describe en el versículo 7: «Quien es así no piense que va a recibir cosa alguna del Señor».

El énfasis de este versículo se explica de esta manera: Santiago nos asegura que podemos confiar plenamente en la bondad y la generosidad de Dios, pero, para obtener ello, debemos tener una mente constante; nuestra fe debe concentrarse solo en Él. De esto se trata una de las lecciones clave de esta breve epístola.

* * *

¿Has pasado alguna vez por una situación en la que, debido a la presión, sentiste que habías perdido el sentido de dirección de tu vida? ¿Te identificas con el sentimiento que este pasaje expresa respecto de vivir una vida agitada y distraída? ¿Cómo crees que los cristianos pueden encontrar el camino de regreso a una vida estable?

¿Qué crees que Santiago quiere decir cuando se refiere al «indeciso e inconstante»? ¿Has tenido ocasiones en las que te comportaste de esa manera?

---

6 Nota del editor: La NIV en inglés dice *without finding fault*, que su contraparte en español (NVI) ha traducido «sin menospreciar a nadie», lo cual no refleja la idea que el autor desea comunicar. Hay mejores opciones, como la de RV60 («sin reproche») o la de TLA («sin echarles nada en cara»).

«Sin menospreciar a nadie» (o «sin reproche»): agradécele a Dios porque, a pesar de nuestros fracasos e inconstancia, podemos confiar en su bondad y generosidad.

• •

4. La perspectiva (vv. 9–12)

En los siguientes versículos, Santiago ofrece una ilustración respecto al cambio de perspectiva que todos necesitamos. La razón por la que podremos seguir firmes a pesar de las pruebas y caminar por la vía correcta, tendrá que ver con un nuevo sistema de valores, con una nueva manera de ver el mundo.

> «El hermano de condición humilde debe sentirse orgulloso
> de su alta dignidad» (*v. 9*)

Una vez más, Santiago ofrece un avance de su tema principal, al cual retornará más adelante, pero es un ejemplo importante que debe resaltar en este contexto. Una de las principales causas de la inestabilidad e inconstancia en nuestras vidas es que queremos servir a Dios y al dinero; no solo al dinero en sí, sino también a las ambiciones del mundo. Es una actitud o postura que causa que deseemos vivir nuestras vidas según las condiciones que nosotros mismos exigimos. Se trata de la perspectiva secular o, mejor dicho, profana, que proyecta la noción de que no necesitamos a Dios.

La ilustración que ofrece Santiago aborda el asunto del pobre y del rico, y estamos conscientes de que es un tema peligroso cuando se habla de las riquezas y la pobreza. Los ricos, efectivamente, pueden sentirse demasiado independientes de Dios, demasiado confiados en sus habilidades para dominar su mundo y su destino. Los pobres pueden llegar a rendirse frente a su desesperación y maldecirlo. Así que, Santiago exhorta al hermano de condición humilde a que reconozca que es uno de los amados hijos de Dios, y exhorta a los ricos a que se alegren cuando Él los doblegue, que agradezcan cuando ya no sean dominados por el deseo de acumular riquezas y confiar en las cosas de este mundo. Los versículos 10 y 11 describen la manera en que el rico se marchitará y se secará, tema que volverá a tratar en el capítulo

5. En resumen, Santiago nos exhorta a un cambio de perspectiva, a un cambio en nuestro sistema de valores. Nos ruega: *no crean lo que el mundo les dice respecto a lo que vale la pena en esta vida; al contrario, vivan según los valores de Dios.*

Esta sección finaliza con una exhortación más de que se cambie de perspectiva: debemos vivir teniendo presente los eventos del futuro. «Dichoso el que resiste la tentación porque, al salir aprobado, recibirá la corona de la vida que Dios ha prometido a quienes lo aman» (v. 12).

El propósito de las pruebas es ayudarte a que puedas evaluar los altibajos de tu experiencia cristiana, las cosas y situaciones por las que vale la pena vivir y morir. Santiago nos recuerda que el resultado final para la persona que logra soportar las pruebas, que llega a demostrar fehacientemente la sinceridad de su fe, es la corona de la vida que Dios nos ha prometido. Nos exhorta a que elijamos aquella perspectiva que es duradera. *Recuerda hacia dónde marcha todo esto, fija tu mirada en la eternidad.*

¿Recuerdas la sorprendente visión de Job? «Yo sé que mi redentor vive, y que al final triunfará sobre la muerte. Y, cuando mi piel haya sido destruida, todavía veré a Dios con mis propios ojos» (Job 19.25–26). La esperanza es un componente vital cuando caminamos sabiamente bajo las pruebas. Esta es exactamente la manera en que Pablo observó el tema. Tal como hemos ya visto en Romanos 5, él dice que podemos regocijarnos en nuestros sufrimientos, porque estos producen perseverancia, entereza de carácter y esperanza. O, como escribió a los corintios: «Pues los sufrimientos ligeros y efímeros que ahora padecemos producen una gloria eterna que vale muchísimo más que todo sufrimiento. Así que no nos fijamos en lo visible, sino en lo invisible, ya que lo que se ve es pasajero, mientras que lo que no se ve es eterno» (2Co 4.17–18).

¿Consideras que la perspectiva respecto al futuro que ofrece el versículo 12 causa alguna diferencia en la manera en que vives tu vida?

Las pruebas que se presentan en la vida son siempre dolorosas, pero *vivir la vida sabiamente en medio de las pruebas* produce estos cuatro resultados positivos: la constancia, la madurez, la sabiduría y la perspectiva.

Para mayor investigación

Hay otros escritores del Nuevo Testamento que describen los resultados positivos de vivir bajo las pruebas. Investiga esta lista y fíjate en las cualidades que producirán en nuestra vida.

- Romanos 5.1–5
- 2 Corintios 4.7–12; 12.7–10
- Hebreos 12.4–11
- 1 Pedro 1.3–7

El libro de Job es una historia clásica en torno a las pruebas. ¿Cuáles crees que fueron los principales beneficios que obtuvo Job luego de haber sufrido aquella extraordinaria colección de desastres?

Para reflexionar

- Un pasaje como este plantea muchas interrogantes a aquellos que atraviesan por pruebas, pues no es tan fácil mantenerse siempre positivo y alegre, como estos versículos nos sugieren. Presenta delante de Dios tus dudas, tus interrogantes y confusiones, y ruégale que te dirija por el buen camino.
- Al inicio de este estudio hiciste una lista de las pruebas por las que atraviesas en la actualidad. ¿Podrías describir la manera en que estas situaciones producen algunas de las cualidades que hemos visto?
- Agradece a Dios en oración porque, a pesar de que somos indecisos e inconstantes, Él sigue siendo generoso y compasivo con nosotros y nos cuida.

Capítulo 2

Vivir sabiamente en medio de las tentaciones

Objetivo: Saber reconocer los asuntos que están en juego cuando somos tentados, y aprender a recurrir a Dios por su ayuda.

Tema

Las pruebas bien podrían tener cierto aspecto redentor, tal como vimos en el capítulo anterior, pero es más común que nos presenten un montón de tentaciones. Para lograr vivir sabiamente, es necesario que comprendamos algo respecto al ciclo del pecado, y Santiago lo explica según su típica manera directa.

Leer: Santiago 1.13–18

Versículo clave: Santiago 1.17

Nota: Este capítulo es breve; por ello, si deseas, lo puedes juntar con el capítulo 1 o el 3 en tus devocionales o estudios grupales. Si bien se trata de un tema por separado, pertenece al flujo de ideas del capítulo 1, lo cual representa la introducción a su epístola.

Bosquejo:
1. El camino de la muerte (1.13–15)
2. El camino de la vida (1.16–18)

> Que nadie, al ser tentado, diga: «Es Dios quien me
> tienta». Porque Dios no puede ser tentado por el mal, ni
> tampoco tienta él a nadie. Todo lo contrario, cada uno es
> tentado cuando sus propios malos deseos lo arrastran y
> seducen.
>
> *(vv. 13–14)*

El sustantivo «tentación» del versículo 12 y el verbo «tentado» del versículo 13 provienen de la misma raíz, pero ello no significa que sean idénticos en significado. De hecho, Santiago ahora pasa de las *pruebas externas* a las *tentaciones internas*. Todas las crisis que enfrentamos pueden conducirnos a la tentación: las pruebas se convierten en tentaciones. Estas podrían dirigirse contra Dios, esto es, cuestionarse su amor, quejarse de cómo nos trata u oponernos a su voluntad. O las tentaciones podrían dirigirse contra otros, esto es, vengarse de aquellos que nos oprimen, o volvernos codiciosos o envidiosos cuando atravesamos por tiempos de carencia económica.

¿Estaría alguien del grupo dispuesto a darnos ejemplos de su propia experiencia cuando las pruebas se convirtieron en tentaciones? Trata de explicar la relación entre las dos.

Si es cierto que las pruebas producen tentaciones, ¿qué repercusiones genera para la atención y las oraciones que ofrecemos a nuestros seres queridos o hermanos de la iglesia que encaran situaciones difíciles y variadas?

Tal como vimos en la sección anterior, es cierto que las pruebas pueden fortalecernos, pero también podrían generar reacciones contrarias. Las preguntas que nos hacemos son las siguientes: ¿qué dirección tomamos?, ¿qué camino escogemos? Tenemos dos alternativas, dos procesos en desarrollo, cada uno de con resultados distintos.

1. El camino de la muerte (1.13–15)

En primer lugar, es vital que entendamos de dónde provienen las tentaciones. Supongamos que eres madre de un niño y que una mañana te despiertas y descubres que él ha amanecido con granitos en la espalda. Te empiezas a preguntar: ¿será sarampión, varicela o un eccema, o comió algo que le ha producido una reacción alérgica? Es necesario que descubras la raíz del problema. Algo está sucediendo debajo de la piel del niño. Lo mismo sucede con la tentación. Para saber tratarla de una manera adecuada, debemos descubrir su origen. El versículo 13 dice que Dios nos prueba, pero que jamás nos tienta. Dado que Él es absolutamente santo, «no puede ser tentado por el mal». Santiago añade en el versículo 17 que Dios no cambia y que es totalmente consecuente. Podemos estar plenamente seguros de que jamás nos tentará para que pequemos. Más bien, la responsabilidad frente al pecado se encuentra de nuestro lado y se ubica en «nuestros propios malos deseos» (v. 14).

Cuando era niño me gustaba explorarlo todo. Teníamos un viejo piano y no tardé en descubrir que si abría su tapa, presionaba el pedal de resonancia y entonaba cierta nota, mi voz causaba resonancia en las cuerdas. De hecho, el piano replicaba exactamente la nota que yo entonaba, con las vibraciones en las cuerdas correspondientes.

La tentación opera de una manera similar. Sea cual fuere la fuente externa, ya sean los valores del mundo o la influencia del diablo, siempre habrá una reacción interna que las corresponda. Poseemos deseos internos que generan resonancia con ciertas influencias externas. Nos queda la duda respecto a si permitimos que dicha resonancia prosiga o si cerramos la tapa y quitamos el pie del pedal.

La tentación nos «arrastra y seduce» (v. 14). Es como poner carnada en el anzuelo. Los peces nadan hacia algo que los atrae, solo para descubrir que en ello hay un mortal anzuelo. De hecho, puede ser algo muy imperceptible y seductor. Pero veamos el resultado en el versículo 15: pone en marcha un largo y mortal tren de consecuencias. «Luego, cuando el deseo ha concebido, engendra el pecado; y el pecado, una vez que ha sido consumado, da a luz la muerte» (v. 15). Santiago nos explica el ciclo de vida del pecado. El ciclo empieza cuando nos «arrastra y seduce» (v. 14): el deseo es la madre, el pecado es el hijo y la muerte es la nieta. Caer en tentación significa dar luz a una descendencia del mal: primero el pecado, luego la muerte.

Todos sabemos cómo funciona todo esto. Una acción de nuestra parte produce un hábito, y este no tarda en establecerse como un estilo de vida o, de hecho, un camino de muerte, porque allí es donde inevitablemente nos conducirá. Ceder a la tentación hará que produzcamos una criatura espantosa, la cual, de manera irremediable y vertiginosa, caerá hacia la muerte.

Reconozco que este tema no es nada fácil de tratarlo de una manera franca y abierta; pero, si te es posible, comparte con el grupo la forma en que la tentación opera según tu propia experiencia, es decir, la manera en que los deseos internos se sintonizan con las influencias externas.

¿Se te ocurren modos prácticos para que podamos detener el ciclo que Santiago describe? ¿Cómo podemos lograr cerrar la tapa del piano o quitar el pie del pedal de resonancia? ¿Cómo podemos detectar el anzuelo escondido dentro de la carnada? (Regresaremos a este tema cuando estudiemos el capítulo 4 de Santiago).

2. El camino de la vida (1.16–18)

Hemos tratado el tema de la tentación que ocurre desde adentro. Ahora Santiago nos ruega que recordemos todo lo bueno que desciende de lo alto (v. 17). Una vez más, es cuestión de percepción. «Mis queridos hermanos, no se engañen» (v. 16). *No permitan que los extravíen del buen camino.* Santiago vuelve a repetir lo mismo al final de su epístola cuando manifiesta su preocupación por aquellos cristianos que se han extraviado de la verdad (5.19). Vuelve a recalcar la misma idea: *no se desvíen del camino de la sabiduría.* Más bien, tal como dijo John Bunyan, «la tentación causa que [se] busque la ayuda de Dios». Quizá el versículo 17 nos sugiere la idea de buscar la ayuda de Dios y considerar sus dones en vez de concentrarnos en las pruebas que sufrimos o las tentaciones que enfrentamos. «Toda buena dádiva y todo don perfecto descienden de lo alto, donde está el Padre que creó las lumbreras celestes, y que no cambia como los astros ni se mueve como las sombras» (v. 17).

Algunos comentaristas proponen que Santiago escribe en contra de las falsas doctrinas que surgieron de religiones basadas en la astrología y el ocultismo, y las cuales afirmaban que las estrellas determinan el destino del ser humano. Quizá estos comentaristas tengan razón. Pero, lo que Santiago recalca con toda certeza a los cristianos que se encuentran en apuros es el hecho de que *la vida no está fuera de control*. No estamos a merced de fuerzas cósmicas o eventos fortuitos. Podemos tener la plena confianza de que vivimos para Dios y que nos aferramos a su inmutable amor. Sea cual fuere la prueba o tentación que tengamos, la bondad de Dios es interminable y eterna.

Cuando en el versículo 15 escribe que el deseo ha concebido y engendrado el pecado, Santiago usa el mismo verbo que en el versículo 18 para afirmar que «por su propia voluntad *nos hizo nacer*» (énfasis nuestro). Somos ahora parte de una nueva familia y se espera de nosotros que seamos como Cristo. Somos las primicias de la vida eterna que tendrán influencia sobre toda la creación. Si esto es cierto, ¿cómo es posible que caigamos en el anzuelo de Satanás?, ¿por qué razón elegimos el camino de la muerte? Si Dios nos ha escogido y nos ha dado nueva vida, debemos entonces marchar en pos de lo supremo. Somos partícipes de su vida.

Entonces, ¿cómo podemos andar por el camino de la sabiduría y enfrentar las tentaciones? Santiago nos da una respuesta clara: debemos acordarnos de la generosidad de Dios y sus misericordiosos dones; debemos confiar en su fidelidad y veracidad; debemos depender de la atención paternal y protección que nos da, porque estamos convencidos de que nada nos separará de su amor y nada ni nadie nos arrebatará de su mano. Dios es nuestro Padre y nos hizo nacer mediante su Palabra eterna. Ahora, nuestra vida tiene una nueva trayectoria. Podemos seguir en el camino de la vida; podemos rechazar las seducciones de nuestros malos y mentirosos deseos, y podemos confiar en el Dios que nos dio vida nueva, aquel que ya tiene planes para nuestro destino eterno.

¿Recuerdas la manera en que Jesús encaró la tentación? Se enfrentó de la misma manera a cada una de las tres tentaciones, sin negociar con estas. En cada una replicó lo mismo: «Escrito está» o «También está escrito». Se enfrentó del mismo modo a la tentación recurriendo a la verdad.

Ya hemos visto los temas de *andar por el camino de la sabiduría cuando se sufren pruebas* y *vivir sabiamente en medio de las tentaciones*. En el siguiente capítulo desarrollaremos el tema de *vivir sabiamente conforme a la verdad*.

«La tentación causa que [se] busque la ayuda de Dios». ¿De qué manera crees que Bunyan cultivaba esta disciplina?
¿De qué modo crees que podemos reaccionar con integridad cuando enfrentamos tentaciones si estamos conscientes de que somos hijos amados de Dios?

Para reflexionar

Hemos visto que la manera más eficaz de enfrentar las tentaciones es recordar lo que Dios ha hecho por nosotros. Lee cada una de las tres frases de abajo y medita respecto a lo que significan para tu vida cristiana. ¿Qué asuntos escribirías debajo de cada frase? ¿Y de qué manera crees que te motivarían para resistir la tentación?

- Recuerda la generosidad y dadivosidad de Dios.
- Confía en la fidelidad de Dios.
- Confía en la atención y la protección que Dios te ofrece.

Capítulo 3

Vivir sabiamente conforme a la verdad

Objetivo: Saber cómo realmente recibir la Palabra de Dios.

Tema

Santiago nos señala lo importante que es la Palabra de Dios para liberarnos y ayudarnos a seguir en el camino correcto. Sin embargo, se trata de algo que va mucho más allá de sencillamente leer la Biblia. Es una Palabra que debe ser recibida en nuestros corazones y estar encarnada en nuestras vidas.

Leer: Santiago 1.19–27

Versículo clave: Santiago 1.21, 22

Bosquejo:
1. Escuchar (1.19)
2. Recibir (1.21)
3. Obedecer (1.22)

En el capítulo 1, Santiago menciona tres veces un peligro en particular. «Mis queridos hermanos, no *se engañen*» (énfasis nuestro) (v. 16). «No se contenten solo con escuchar la palabra, pues así *se engañan* ustedes mismos. Llévenla a la práctica» (1.22). «Si alguien se cree religioso, pero no le pone freno a su lengua, *se engaña* a sí mismo, y su religión no sirve para nada» (v. 26) (énfasis nuestro). Santiago está consciente de que tenemos la fuerte tendencia a engañarnos a nosotros mismos. Nos advierte que podemos extraviarnos del camino de la sabiduría.

¿Cómo podemos evitar engañarnos a nosotros mismos? ¿Cómo podemos vivir de una manera sabia? ¿Cómo podemos llevar vidas íntegras y correctas, en especial cuando enfrentamos pruebas y tentaciones? La respuesta se encuentra en la forma en que *prestamos atención a la verdad*. En esta sección encontraremos varias alusiones a ella:

> «la palabra de verdad» (v. 18), que nos dio nueva vida;

> «la palabra sembrada en ustedes» (v. 21), que nos salva y nos mantiene en el camino correcto;

> «la palabra» (vv. 22, 23), que debemos obedecer.

En relación con la verdad, Santiago resalta tres temas prácticos que son útiles.

1. Escuchar (1.19)

> Mis queridos hermanos, tengan presente esto: Todos deben estar listos para escuchar, y ser lentos para hablar y para enojarse. (*v.19*)

Nuestra principal responsabilidad es saber escuchar. La mayoría de nosotros lo hace de una manera contraria: somos veloces para *hablar*, pero no para escuchar. Nos enojamos y decimos cosas que luego nos pesa haberlas dicho. Rara vez frenamos la lengua. Pero Santiago nos recuerda que es mucho mejor abrir nuestros oídos que nuestra boca. Se ha dicho acertadamente que Dios nos ha dado dos orejas y solo una boca para que escuchemos el doble de lo que hablamos. Es importante que nos demos cuenta de que el versículo 19 está ligado al 18, en el que se dice que «nos hizo nacer mediante la palabra de verdad». Si recibimos a Jesús, entonces recibimos también el camino de la sabiduría que Él enseñó. Por esta razón debemos escuchar aquella Palabra.

Asimismo, en el versículo 20 nos conecta de regreso a lo que ya hemos estudiado: «pues la ira humana no produce la vida justa que Dios quiere» (v. 20). Tal como vimos en los versículos 14 y 15, nuestros malos deseos nos conducen a la muerte. La ira, la amargura y los malos deseos terminan ahogando la Palabra de Dios y entonces no podemos escuchar su voz.

Esta es una de las razones principales por las que nos acercamos a la Biblia. Es la razón de ser de esta guía de estudio: hacemos el mejor esfuerzo por entender y llevar a la práctica la Palabra de Dios. La primerísima parábola en cada uno de los tres evangelios sinópticos recalca que debemos demostrar el carácter central de la Palabra de Dios en nuestras vidas y que debemos *escuchar*. «El que tenga oídos para oír, que oiga» (Lc 8.8). Y la frase clave en cada una de las cartas a las siete iglesias es parecida: «El que tenga oídos que oiga lo que el Espíritu dice a las iglesias» (Ap 2.7, 11, 17, 29; 3.6, 13, 22).

Si queremos caminar con integridad, tenemos que escuchar la Palabra de Dios. No es fácil hacerlo en estos tiempos. Tal como Kent Hughes dijo alguna vez, la vida devocional del creyente moderno es «Señor, háblame; tienes un minuto para hacerlo». Pero el verdadero discípulo es alguien que está dispuesto a aprender y, por tanto, a saber escuchar.

* * *

¿Qué clase de cosas ahogan la Palabra de Dios en tu vida? Cuando recurrimos a la Biblia, ¿qué clase de actitudes marcan la diferencia para que verdaderamente logremos escuchar la Palabra de Dios?

* * *

2. Recibir (1.21)

Por esto, despójense de toda inmundicia y de la maldad que tanto abunda, para que puedan recibir con humildad la palabra sembrada en ustedes, la cual tiene poder para salvarles la vida. (*v. 21*)

Tenemos conocimiento de las distintas maneras de escuchar. Hace un tiempo atrás conversaba con alguien que me preguntó cómo le iba a mis suegros. Le respondí que las cosas no iban tan bien que digamos, pero era obvio que no me prestaba atención. No me ofreció ningún comentario respecto a mis suegros y más bien fue directamente al grano y me pidió algo que necesitaba. Escuchamos las palabras de la otra persona, pero, al mismo tiempo, ya tenemos pensado lo que vamos a decirle. Se trata de una de tantas maneras de escuchar: entra por un oído y sale por el otro; pero ¿qué sucedería si una mañana te levantas de la cama, enciendes la radio para escuchar las noticias del día y de pronto el programa se interrumpe por un mensaje de alerta en el que se anuncia tu nombre porque un pariente tuyo está gravemente enfermo? De seguro que no solo *escucharías* el mensaje, sino que tu mente y todo tu ser *recibiría* el mensaje e inmediatamente respondería.

A Santiago le preocupa un problema parecido. «Escuchamos» la palabra, pero en realidad no la procesamos. Por ello, es vital que la recibamos, porque no solo nos hace nacer (v. 18), sino que también nos transforma (v. 21). Debemos recibir con humildad la Palabra; debemos tener esta actitud porque la Biblia nos invita a recibir el mandato de Dios y a despojarnos «de toda inmundicia y de la maldad que tanto abunda» (v. 21). Es aquella Palabra la que nos salva y nos vuelve más como Cristo. Su verdad nos santifica. Nos cambia cuando escuchamos, recibimos y absorbemos, cuando meditamos y memorizamos su contenido.

Sin embargo, hay un gran peligro, especialmente para aquellos que tenemos la mentalidad de la cultura occidental, que es muy dada a aquellos extractos de sonidos pegajosos y a la comida chatarra. Alguien en el Reino Unido logró reducir la Biblia a cincuenta y siete páginas, ante lo cual un comentarista dijo: «Aquellos que tienen prisa en nacer de nuevo podrán memorizar su contenido en cien minutos». Más bien, una buena disciplina consistiría en «orar el pasaje». La búsqueda de la Biblia y la búsqueda de Dios van de la mano, tal como P. T. Forsyth dijo, de manera que lo que recibimos de parte de Dios se lo remitimos en oración. Esta es la manera en que recibimos la Palabra. Y de esta forma lograremos caminar con integridad.

¿Qué crees que significa «orar un pasaje de la Biblia»? Discutan en grupo las maneras en que nuestra lectura de la Biblia podría volverse un ejercicio más serio para recibir la verdad. ¿Qué repercusiones tendría en términos del desarrollo de un patrón distinto de lectura de la Biblia o de fomentar nuevas disciplinas espirituales en nuestras vidas?

3. Obedecer (1.22)

> No se contenten solo con escuchar la palabra, pues así se engañan ustedes mismos. Llévenla a la práctica. (*v. 22*)

Hemos llegado ahora al tema que hizo famoso a Santiago y que analizaremos con mayor detenimiento en la siguiente parte de esta guía de estudio. No debemos tomar a la ligera nuestro cristianismo. Santiago tiene palabras muy duras contra los farsantes religiosos, los críticos de salón o los astutos teólogos que *no hacen nada*. La Palabra de Dios es para *llevarla a la práctica*. La verdad no solo existe para que creamos en ella; hay que *vivirla*.

Santiago recurre al ejemplo del espejo:

> El que escucha la palabra, pero no la pone en práctica es como el que se mira el rostro en un espejo y, después de mirarse, se va y se olvida en seguida de cómo es. Pero quien se fija atentamente en la ley perfecta que da libertad, y persevera en ella, no olvidando lo que ha oído, sino haciéndolo, recibirá bendición al practicarla. (*vv. 23–25*)

Cuando nuestras hijas eran jóvenes y vivían en casa, solía presentarme diciendo que tenía «esposa, tres hijas y un baño». Cada mañana que nos despertamos, todos tenemos que vernos en el espejo: revisamos nuestro rostro y cabello y luego hacemos algo al respecto. Santiago nos ruega que no tratemos la Palabra de Dios con desinterés, que no la leamos y luego nos olvidemos lo que leímos, sino que prestemos atención a lo que leemos, lo obedezcamos y luego lo llevemos a la práctica.

La palabra resaltada en la frase «Pero quien se fija *atentamente* en la ley perfecta» es la misma que se halla en el relato de la Pascua, cuando los discípulos fueron a ver la tumba, miraron hacia adentro y se fijaron *atentamente* en su contenido. Observaron con mucha atención y luego pusieron en práctica lo que habían visto. Del mismo modo, Santiago nos ruega que nos fijemos *atentamente* en la Palabra de Dios y que luego la llevemos a la práctica. Se trata de la ley perfecta que da libertad, dice en el versículo 25. Para los primeros judeocristianos, Jesús era el cumplimiento de la Torá. Jesús era la nueva ley, la que nos libera de la condenación, nos guía y nos da el poder de vivir según los requisitos de la fe. La verdad es la que nos libera (Jn 8.32) y así, cuando obedecemos la Palabra, permanecemos en el camino de Dios. Michael Wilcock estaba en lo cierto cuando dijo que nuestra capacidad de entender la Palabra de Dios se relaciona con nuestra *obediencia*, y no con nuestro cerebro.

De esto trata el tercer tema del capítulo 1 de Santiago: *vivir sabiamente conforme a la verdad*. El salmo 119 repite varias veces la idea de caminar por la senda de la sabiduría: «De tus preceptos adquiero entendimiento; por eso aborrezco toda senda de mentira. Tu palabra es una lámpara a mis pies; es una luz en mi sendero» (Sal 119.104–105).

. . . .

A muchos les parece que la «ley» y la «libertad» se ubican en extremos opuestos. ¿Cómo explicarías este pasaje respecto a que la Palabra de Dios nos da libertad?

¿Crees que es cierto que es más probable que logremos entender lo que la Biblia enseña cuando somos obedientes que cuando usamos nuestra inteligencia? ¿De qué manera funciona todo esto?

. . . .

Para mayor investigación

En Hebreos 3 el autor insiste en la importancia de saber verdaderamente escuchar la Palabra de Dios. Lee los versículos en los que aparecen estas exhortaciones (Heb 3.7–4.13) y considera lo siguiente:

- ¿Cuáles son los ejemplos del Antiguo Testamento que usa el autor? ¿Por qué tienen una gran fuerza de apelación?
- ¿Cuáles son las maneras más importantes que el autor sugiere y que nos permiten evitar los errores de aquellos que cita del Antiguo Testamento?
- ¿Cuáles son las cualidades de la Palabra de Dios que el autor describe en Hebreos 4.12? Explica lo que significa cada cualidad.

Para reflexionar

Estamos conscientes de que cuando escuchamos la Palabra de Dios nos enfrentamos a muchas distracciones. Lee Lucas 8.1–15 e identifica las distracciones a las que Jesús se refiere. Reflexiona por un momento en cada una de ellas y ruega al Señor que te ayude a vencerlas, para que así puedas escuchar verdaderamente la Palabra y luego vivir con integridad en el camino de la verdad.

Repaso de la primera parte: Santiago 1

El principal tema a lo largo de la Epístola de Santiago es la obediencia a la Palabra. Los dos versículos finales del capítulo 1 subrayan la noción de que la verdadera religión conlleva *cumplir* la Palabra y *obedecer* esta ley que nos libera. Los versículos 26 y 27 nos dan un resumen de los temas que volveremos a repasar con mayor detalle en los siguientes capítulos: domar la lengua (Stg 3), atender a los necesitados (Stg 2), evitar ser amigo del mundo (Stg 4).

¿Cómo puedo vivir una vida íntegra? ¿Cómo puedo caminar con integridad? ¿Cómo puedo evitar que estrelle el avión contra la tierra? Santiago nos responde: debemos escuchar, recibir y llevar a la práctica las enseñanzas de Jesús. Es la única manera que nos permitirá vivir una vida de satisfacción plena: «recibirá bendición al practicarla» (v. 25).

Isaías escribió que la Palabra de Dios logra su cometido. Así como la lluvia que desciende a la tierra, y luego produce semillas de las que obtenemos el pan, «así es también la palabra que sale de mi boca: No volverá a mí vacía, sino que hará lo que yo deseo y cumplirá con mis propósitos» (Is 55.11). Pablo dio gracias a Dios porque los tesalonicenses habían recibido la Palabra de Dios, «… porque al oír ustedes la Palabra de Dios que les predicamos, la aceptaron no como palabra humana, sino como lo que realmente es, Palabra de Dios, la cual actúa en ustedes los creyentes» (1Ts 2.13). Se trata de una Palabra dinámica, que continúa obrando en aquellos que siguen creyendo.

Ahora que Santiago nos confronta con su exhortación a que cambiemos y nos pongamos a trabajar, sería muy fácil pensar que todo ello está fuera de nuestro alcance. Por esta razón, debemos recordar que se trata de un proceso en el que seguimos confiando en Dios y Él sigue proveyendo a nuestras necesidades. La Palabra de Dios *logrará* su cometido y sigue operando en aquellos que creen. Esto es lo que refuerza la vida de fe y lo que nos guía para que caminemos con integridad.

Segunda parte

*Las manos
que cumplen las obras de la fe*

SANTIAGO 2

Las manos
que cumplen las obras de la fe

Introducción a la segunda parte

Tanto Europa como otros lugares del mundo ofrecen en la actualidad muchos ejemplos contradictorios en la política y el sector financiero. Es inevitable que esto genere escepticismo, especialmente en los jóvenes, cuando se observa contradicciones entre lo que algunas personas dicen y lo que ocurre en sus vidas, que refleja lo opuesto, como sucede entre los banqueros, los políticos o los dirigentes de las iglesias. La gente está harta de lo que «dicen» quienes ostentan el poder, y por ello sospecha de estos. Se comprende la manera en que el hombre de a pie reacciona cuando detecta a los farsantes religiosos y su doble moral, especialmente si el mensaje proviene de aquellos que se sienten con el derecho de decirles a los demás la forma en que deben vivir.

Como creyentes cristianos conocemos muy bien el modo en que debe vivir nuestra propia familia de la fe, pero también sabemos que muchas veces la manera en que vivimos delata la mentira que predicamos. De hecho, he reflexionado muchas veces acerca de que el lema «practica lo que predicas» debería ser «predica lo que practicas». Claro, esto acortaría tremendamente mis sermones.

En su primera epístola, Juan ha logrado explicar de una manera muy clara la problemática que nos toca abordar en esta parte: «El que afirma que permanece en él debe vivir como él vivió» (1Jn 2.6). *Vive* como Jesús, no *hables* tan solo de Jesús. Estamos conscientes de que esto no sucede la mayor parte del tiempo. Por ello, comprendemos la razón por la que E. M. Forster dijo con desprecio: «Pobre e insignificante cristianismo charlatán».

El capítulo 2 de Santiago prosigue con el tema del capítulo 1. Hemos notado que el apóstol interpreta la sabiduría como algo que se relaciona no tanto con la inteligencia o el conocimiento, sino con un estilo de vida. Su epístola nos exhorta a que vivamos para Cristo con una entrega total, que llevemos a la práctica el camino de Dios en este mundo que Él ha creado. Tal como afirma en 1.22: «No se contenten solo con escuchar la palabra, pues así se engañan ustedes mismos. *Llévenla a la práctica*» (énfasis nuestro). Y también en 1.25: «… no olvidando lo que ha oído, sino *haciéndolo*, recibirá bendición al *practicarla*» (énfasis nuestro).

Si en la primera parte abordamos el tema de *los pies que andan por el camino de la sabiduría*, en la segunda parte veremos *las manos que cumplen las obras de la fe*. Esta parte tiene tres temas, los cuales estudiaremos en los siguientes tres capítulos: «La fe y el trato desigual», «La fe y la obediencia» y «La fe y las obras».

Capítulo 4

La fe
y el trato desigual

Objetivo: Admitir que cualquier forma de trato desigual no tiene cabida en la vida del verdadero discípulo de Cristo.

Tema

Santiago manifiesta la tremenda contradicción que hay cuando discriminamos al prójimo y al mismo tiempo pretendemos ser seguidores de Jesucristo y nos hemos comprometido con el Dios que está del lado de los pobres y los marginados.

Leer: Santiago 2.1–7

Versículo clave: Santiago 2.5

Bosquejo:
1. Por causa del ejemplo de Jesús (2.1, 7)
2. Por causa del llamado de Dios (2.5–7)

En este versículo, «Hermanos míos, la fe que tienen en nuestro glorioso Señor Jesucristo no debe dar lugar a favoritismos» (Stg 2.1), el término «favoritismo» significa que se emite un juicio o se discrimina al prójimo sobre la base de factores externos. Es una opinión basada en criterios muy superficiales en relación con la dignidad o el valor del prójimo.

En el versículo 4 Santiago afirma lo siguiente: «¿Acaso no hacen discriminación entre ustedes, juzgando con malas intenciones?». Vimos en 1.6 que describe la inestabilidad del que duda, del indeciso, y que en el capítulo 2 sostiene que discriminar significa juzgar con malas intenciones: la discriminación en la comunidad de creyentes es prueba de que hay una actitud de flaqueza y división. Nos da a entender que la discriminación que se hace «entre ricos y pobres manifiesta una mente dividida». Veremos esto mismo en la epístola: la discriminación es un ejemplo más respecto a tratar de vivir en dos mundos distintos a la vez, de ser amigos del mundo y amigos de Dios.

En estos versículos podemos reconocer el relato de inmediato porque resalta cuán importante es la «imagen», es decir, la apariencia de la gente. Si alguna vez hubo una generación que mostró tanto interés por este asunto, esa es la nuestra. Fácilmente podemos imaginarnos lo que Santiago narra: alguien de un gran nivel socioeconómico llega a la iglesia. En el versículo 2 nos describe a esa persona con gran detalle y dice que tiene un «anillo de oro». En aquella época eso era como anunciar a los cuatro vientos el nivel social y económico de las personas. Incluso algunas alquilaban anillos para impresionar a las demás en las reuniones sociales. El versículo 2 añade: «y entra también un pobre desharrapado». Santiago ofrece un contraste extremo porque recurre a un término que se refiere a las personas que sufren la forma más grave de pobreza, es decir, a los desposeídos.

¿Y de qué manera responde la congregación? Ofrece un trato especial al hombre que lleva ropa elegante y le dice: «Siéntese usted aquí, en este lugar cómodo» (v. 3). Ese «aquí» da a entender un lugar privilegiado, cerca del predicador, en la parte de adelante, no necesariamente para tener una mejor vista del culto, sino para que los demás puedan tener una mejor vista del rico. ¿Y qué sucede con el pobre? «Quédate allí de pie», le dicen, o «Siéntate en el suelo, a mis pies». Incluso mejor: ¡Siéntate afuera, en el pasillo!

Sabemos muy bien que esta clase de discriminación ha sido un serio problema a lo largo de la historia de la iglesia. Walter Kaiser[7] menciona que en el siglo XVIII algunas iglesias en el Reino Unido se

---

7 Walter Kaiser, *What Does the Lord Require?* (Grand Rapids: Baker Academic, 2009), 36.

habían vuelto tan exclusivistas que John Wesley tuvo que recurrir a campos abiertos y cementerios para proclamar las buenas nuevas a obreros de las minas de carbón y a los pobres. Los metodistas abrieron sus puertas a todos, sin importar el nivel socioeconómico. Un siglo más tarde, William Booth fundó el Ejército de Salvación para continuar con esa obra. Otras asociaciones independientes de iglesias llevan a cabo lo mismo el día de hoy, porque el problema persiste.

Durante algunos años, tuve la oportunidad de trabajar con unos estudiantes de Rusia y me causó una gran alegría ver la conversión de varios de ellos en una ciudad de Siberia. Pero, cuando retorné a ese lugar luego de varios meses de ausencia, descubrí que estos estudiantes habían formado una pequeña comunidad en remplazo de la iglesia. Les pregunté cuál era la razón de ello, y me dijeron que ninguna de las iglesias que habían visitado les había dado la bienvenida por causa del estilo de ropa que llevaban. Obviamente, eran pobres, no solo porque eran estudiantes, sino porque Rusia atravesaba por tiempos difíciles; además, la manera en que iban vestidos era fuera de lo común por ser estudiantes de arte. Sin embargo, qué triste que las iglesias excluyeran a estos nuevos creyentes tan solo por el modo en que se vestían.

Claro que este principio es mucho más amplio. En esta epístola Santiago da a conocer su profunda preocupación por la manera en que nos relacionamos con los pobres. Lo menciona varias veces, tal como vimos en el capítulo 1: «Los hermanos de condición humilde» (1.9); y «los huérfanos y las viudas» (1.27). La forma en que nos relacionamos con el prójimo manifiesta lo que creemos acerca de Dios.

Discute en grupo cualquier ejemplo de favoritismo que ocurra hoy en día en tu comunidad de creyentes. ¿Por qué crees que sucede esta clase de discriminación?

Presta atención a la manera en que Santiago empieza esta parte en el versículo 1. ¿Por qué razón es importante la frase «la fe que tienen en nuestro glorioso Señor Jesucristo»?

¿Cuál es la razón por la que el favoritismo no tiene cabida en la fe cristiana? Santiago nos ofrece varias razones, pero resaltaremos dos de ellas:

1. Por causa del ejemplo de Jesús (2.1, 7)

> Hermanos míos, la fe que tienen en nuestro glorioso Señor
> Jesucristo no debe dar lugar a favoritismos. (*2.1*)

Para aquellos que creen en nuestro glorioso Señor Jesucristo, el favoritismo es una conducta contradictoria. En primer lugar, si Él es nuestro Señor, todos nos encontramos en el mismo nivel. Jesús es nuestro Señor y nosotros somos sus servidores; por tanto, todos somos iguales. En la comunión cristiana no hay jerarquías en lo absoluto; no hay ricos ni pobres, varones o mujeres, blancos o negros, clero y laicos, jóvenes y viejos. Si Jesús es nuestro Señor, no existe ninguna justificación para discriminar.

En segundo lugar, si Jesús es nuestro Señor, ¿cómo es posible que discriminemos al prójimo? Santiago nos dice que eso es precisamente lo que sucede: «¿Acaso no hacen discriminación entre ustedes, juzgando con malas intenciones?» (v. 4). Si discriminan al prójimo basándose en la apariencia externa, dejan de ser cristianos y se convierten en jueces. Y si esto sucede, ¿qué realmente quieren decir cuando confiesan que Jesús es el Señor?

En tercer lugar, reflexiona en torno a cómo el Señor Jesús se convirtió en «nuestro glorioso Señor». «Ya conocen la gracia de nuestro Señor Jesucristo, que, aunque era rico, por causa de ustedes se hizo pobre, para que mediante su pobreza ustedes llegaran a ser ricos» (2Co 8.9). Es totalmente contradictorio que nos comportemos con esta clase de favoritismo mientras que, al mismo tiempo, confesamos que creemos en nuestro glorioso Señor Jesús. A Jesús no le interesó su imagen pública. De hecho, no fue amigo de las altas esferas religiosas. Los arribistas no tenían interés alguno en Él. Para una gran parte de la población, Jesús provenía de la ciudad y la región equivocada; no se graduó en las universidades predilectas de ellos y, para colmo, lo seguía el grupo equivocado de personas. Sin embargo, la gente común lo escuchaba con alegría.

Me fascina el canto de María en Lucas 1. Resalta lo que Santiago afirma en 1.9: «El hermano de condición humilde debe sentirse orgulloso de su alta dignidad». ¿Recuerdas la letra de aquel canto? «De sus tronos derrocó a los poderosos, mientras que ha exaltado a los humildes. A los hambrientos los colmó de bienes, y a los ricos los despidió con las manos vacías» (Lc 1.52–53). Michael Townsend ofrece una paráfrasis de Santiago 2.1: «¿Acaso intentas decirme que quieres mezclar la fe en nuestro glorioso Señor Jesucristo con la idolatría del orden jerárquico?».[8]

Santiago vuelve a mencionar al Señor Jesús en esta parte. Cuando se refiere a los ricos que explotan al prójimo y lo llevan ante los tribunales, afirma lo siguiente: «¿No son ellos los que blasfeman el buen nombre de aquel a quien ustedes pertenecen?». En otras palabras, dice que los ricos a quienes quieren rendirles pleitesía son los mismos que oprimen y persiguen a la iglesia cristiana. Calvino también resaltó la contradicción cuando dijo que era bastante extraño que se rindiera honor a los verdugos de uno mismo y al mismo tiempo no se prestara atención a los propios amigos. Dicho de otro modo, se maldice el nombre al cual se pertenece. De ello se trata el asunto, es decir, no solo de la injusticia de sufrir persecución, sino de que se maldice el honor de aquel nombre por el que hemos sido llamados. Llevamos el nombre de «cristiano». Somos creyentes «en nuestro glorioso Señor Jesucristo» (v. 1). Si llevamos aquel nombre, debemos entonces vivir aquella vida.

• •

¿Se te ocurren ejemplos de los evangelios respecto a la manera en que Jesús, cuando se negó a mostrar favoritismos, ignoró las normas sociales de su época?

Discute en grupo la trascendencia de estos relatos del evangelio. Respondan qué dicen acerca de Jesús y de aquellos por los que Jesús se interesó. Hablen también sobre la conclusión que podemos sacar respecto a la manera en que debemos comportarnos en la sociedad.

---

8 Michael Townsend, *The Epistle of James* (Londres: Epworth, 1994), 34.

> ¿Cómo podemos encontrar un equilibrio entre el debido respeto que se merecen las autoridades y un favoritismo incorrecto hacia ellas, es decir, aquella idolatría del orden jerárquico?

A continuación, Santiago nos presenta una segunda razón por la que el favoritismo es incompatible con la verdadera fe.

2. Por causa del llamado de Dios (2.5–7)

> Escuchen [presten mucha atención], mis queridos hermanos: ¿No ha escogido Dios a los que son pobres según el mundo para que sean ricos en la fe y hereden el reino que prometió a quienes lo aman? ¡Pero ustedes han menospreciado al pobre! (*vv. 5–6*)

Tal como habíamos dicho, la manera en que nos comportamos con nuestro prójimo manifiesta lo que creemos acerca de Dios. Así que, una vez más, Santiago está dando a conocer las contradicciones. Piensa en todos aquellos a quienes Dios ha escogido. Es obvio que Él no muestra favoritismos y no elige solamente a gente de una clase en particular o de cierto nivel socioeconómico. Sin embargo, tiene una preocupación especial por aquellos que la sociedad ha rechazado o que desprecia o desecha. Abraham Lincoln dijo: «Seguro que Dios ama tanto a la gente común porque creó muchos de ellos». Además, muestra su gracia al humilde, al pobre y al necesitado, porque ellos son los que están más conscientes de sus deficiencias.

Santiago afirma que Dios muestra una preocupación especial por los pobres y necesitados. Pero, tal como da a entender en el versículo 6, en demasiadas ocasiones la iglesia ha demostrado sumisión a los ricos. Tenemos un amigo de Costa de Marfil que ha escrito sobre Santiago. Nos cuenta que en las sociedades africanas los ricos son fácilmente detectables y que a los pobres se los margina porque, como dice un proverbio de ellos, «a las vacas flacas no las lamen sus compañeras». También añade: «Dios está del lado de los pobres, no porque sean pobres, sino porque son sensibles a Él y están cerca del reino».[9]

---

[9] Solomon Andria, *The Africa Bible Commentary* (Nairobi: Word Alive y Grand Rapids:

Estoy consciente de que algunas personas se oponen a la frase «Dios prefiere a los pobres». Y están en lo cierto respecto a que Dios recibe a todos y no muestra favoritismos, tal como la lección que Pedro recibió en la casa de Cornelio, pero tampoco busca a los «nobles». Sobre este tema escribió Ronald Sider hace algunos años:

> Contrario a la manera en que tú y yo nos comportamos frente a los pobres, así como también los que gozan de una buena posición económica y los poderosos de cada siglo y sociedad, me parece que Dios demuestra tener una abrumadora preferencia por los pobres. Pero, esta preferencia sirve solo para contrastarla con nuestra pecaminosa indiferencia. Solo cuando manifestamos nuestra perversa preferencia por los «exitosos» y ricos como algo natural y normativo, es cuando Dios manifiesta su preferencia.[10]

Recordemos lo que nos recuerda el canto de María: que los poderosos, los ricos y los soberbios tendrán tiempos duros. Son los pobres, aquellos que saben que necesitan de Dios y cuya fe es abundante, quienes heredarán el reino de Dios. Por ello, al comentar respecto a la iglesia de Corinto, Pablo dijo: «Hermanos, consideren su propio llamamiento: No muchos de ustedes son sabios, según criterios meramente humanos; ni son muchos los poderosos ni muchos los de noble cuna» (1Co 1.26; también vv. 27–8). «No muchos» da a entender que por lo menos hubo algunos; pero estos llegan a darse cuenta de que es muy difícil renunciar a sus riquezas y privilegios. Tenemos un amigo que se mudó del Reino Unido a Vancouver. Él es un buen evangelista, pero nos confesó que había descubierto que trabajar allí era mucho más difícil porque, como dijo, «creen que ya viven en el cielo». De ello se trata el problema de los ricos y pudientes. En contraste con esto, en la iglesia de Jesucristo por todo el mundo, la abrumadora mayoría proviene de los pobres.

Sam Harris es uno de aquellos nuevos ateos que están de acuerdo con Richard Dawkins y Christopher Hitchens. Ha expresado varias

---

Zondervan, 2006), 1512.

[10] Ronald Sider, *Rich Christians in an Age of Hunger* (Londres: Hodder, 1977), 76. Hay versión en español: Ronald J. Sider, *Cristianos ricos en la era del hambre: de la acumulación a la generosidad* (Buenos Aires: Ediciones Kairós, 2015).

ideas a las que debemos prestar mucha atención. En uno de sus libros más recientes, *Carta a una nación cristiana*, ofrece un desafortunado comentario en el que sostiene que la religión es una actividad mala para nosotros, y ofrece las siguientes pruebas.

> Noruega, Islandia, Australia, Canadá, Suecia, Suiza, Bélgica, Japón, los Países Bajos, Dinamarca y el Reino Unido se cuentan entre las naciones menos religiosas de la tierra. Sin embargo, según el Informe del Desarrollo Humano realizado por el Reino Unido en 2005, estas naciones son las que gozan de mayor salud, según el índice de esperanza de vida, mejores niveles de alfabetización en adultos, mayores ingresos per cápita, altos niveles de educación, mejor igualdad de género y bajos niveles de homicidios y de mortalidad de niños, y si acaso tienen problemas de crímenes, se debe mayormente a los inmigrantes. En cambio, las cincuenta naciones que se ubican en el nivel más bajo, según los índices de desarrollo humano de las Naciones Unidas, son firmemente religiosas.[11]

En otras palabras, las naciones menos cristianas se encuentran en el hemisferio norte; son naciones ricas, saludables e incrédulas. Por otro lado, las naciones más pobres son las más cristianas. Entonces, queda demostrado: la religión es algo malo para nosotros. Dejando a un lado la descarada y obvia pregunta respecto de la conducta moral de las ricas naciones occidentales, que se enriquecieron explotando a las naciones más pobres, antes de llegar a la conclusión acerca de quién realmente goza de mayor salud, Sam Harris necesita encontrarse con creyentes cristianos de aquellas míseras y pobres naciones y compararlos con los adinerados cínicos de las sociedades occidentales. Hay distintas clases de riquezas y pobrezas, tal como el Señor resucitado le recordó a la iglesia de Laodicea. Esta es la razón del versículo 5: «¿No ha escogido Dios a los que son pobres [...] para que sean ricos en la fe?». Quienes son pobres, en realidad, se ubican en la parte superior de la tabla de posiciones de Dios.

---

[11] Sam Harris, *Letter to a Christian Nation* (Nueva York: Alfred A. Knopf, 2006), 43, 44.

Algunos lectores de esta guía de estudio probablemente vivan en algún país de Occidente, donde gozan de una vida cómoda y segura comparada con muchos otros del mundo. ¿Cómo podemos seguir siendo agradecidos a Dios por su bondad y sustento y al mismo tiempo no perder nuestra dependencia en Él?

Para reflexionar

El compromiso evangélico de vivir una vida sencilla se resume más adelante.[12] Desarrolla cada uno de los seis puntos y piensa lo que estos significan en la práctica; luego, ruega a Dios que te ayude a vivir de esta manera.

La nueva comunidad. Nos alegramos porque el propósito de la iglesia es ser la nueva comunidad de Dios, la cual demuestra tener nuevos valores, nuevas normas y nuevo estilo de vida.

El estilo de vida. No hemos establecido reglas ni regulaciones, pero, dado el hecho de que unas diez mil personas mueren de hambre cada día, nos hemos comprometido a simplificar nuestro estilo de vida.

El desarrollo internacional. Nos ha impactado la pobreza de millones de personas y nos hemos propuesto contribuir de una manera mucho más generosa a proyectos que se dediquen al desarrollo humano, pero la participación del Gobierno es vital.

La justicia y la política. Estamos convencidos de que la situación actual respecto a la injusticia social es abominable para Dios, y que podemos y debemos cambiar la situación.

---

[12] John Stott, *The Radical Disciple* (Nottingham: ivp, 2010), 85, 86. John Stott, *El discípulo radical* (Buenos Aires: Certeza Unida, 2012).

El evangelismo. Nos preocupa profundamente que millones de personas no hayan sido evangelizadas. El llamado a vivir una vida sencilla no debe separarse del llamado a testificar de una manera responsable.

El regreso de Cristo. Estamos convencidos de que cuando Jesús retorne, aquellos que lograron servir a su Señor por medio del servicio a los más insignificantes, serán salvos, porque en la vida real, la fe que salva se demuestra con el amor servicial.

Capítulo 5

La fe
y la obediencia

Objetivo: Entender que la ley de Dios, que nos libera, nos permite amar del mismo modo que Jesús nos amó.

Tema
La obediencia que le rendimos a la ley de Dios que nos libera y nuestro sentido de responsabilidad frente al juicio de Dios nos sirven de motivación vital para la verdadera fe.

Leer: Santiago 2.8–13

Versículo clave: Santiago 2.8

Bosquejo:
1. La ley y el amor (2.8–11)
2. El juicio y la misericordia (2.12–13)

A continuación, Santiago prosigue con su argumento en contra del favoritismo, al desarrollar el tema de la obediencia a la ley.

1. La ley y el amor (2.8–11)

Hacen muy bien si de veras cumplen la ley suprema de la Escritura: «Ama a tu prójimo como a ti mismo»; pero, si muestran algún favoritismo, pecan y son culpables, pues la misma ley los acusa de ser transgresores. (*2.8–9*)

En esta parte, Santiago cita a Levítico 19.18, la ley suprema que dice «ama a tu prójimo como a ti mismo». La llama la ley suprema quizá porque es superior a todas las demás leyes. Ahora, dado el hecho de que algunos teólogos se han imaginado que Pablo y Santiago tienen posturas contrarias, repetiremos varias veces la siguiente afirmación: *Pablo dice lo mismo que Santiago*. Respecto a ello, Pablo escribe en Romanos 13.8–10 que «quien ama al prójimo ha cumplido la ley». Nombra varios mandamientos y luego afirma que «todos los demás mandamientos se resumen en este precepto: «Ama a tu prójimo como a ti mismo» (cita de Levítico 19, tal como Santiago hizo). «El amor no perjudica al prójimo. Así que el amor es el cumplimiento de la ley». La exhortación a que amemos a nuestro prójimo significa que debemos tratar a todos por igual, ya sean ricos o pobres. Debemos amar de la misma manera en que Dios amó: sin favoritos. Cuando discriminamos, decidimos quién de todos merece nuestro amor y quién no. Por tanto, el favoritismo aparece cuando el amor fracasa. Santiago nos dice que la fe y la obediencia a la ley van juntas de la mano. Y Pablo afirma lo mismo. Cuando se dirige a los corintios respecto a ofrendar con generosidad, dice: «Ellos alabarán a Dios por la obediencia con que ustedes acompañan la confesión del evangelio de Cristo» (2Co 9.13). De ello se trata la obediencia de la fe a la cual Santiago nos pide seguir.

Pero, quizá tú digas que ya no estamos bajo la ley, sino bajo la gracia. Es cierto, pero una vez más prestemos atención a lo que Pablo dice en Gálatas, aquella gran epístola que habla de la gracia y la libertad. «Les hablo así, hermanos, porque ustedes han sido llamados a ser libres; pero no se valgan de esa libertad para dar rienda suelta a sus pasiones. Más bien sírvanse unos a otros con amor». Y a continuación cita a Levítico 19: «En efecto, toda la ley se resume en un solo mandamiento: "Ama a tu prójimo como a ti mismo"» (Ga 5.13–14).

Por tanto, si discriminas, te conviertes en el juez que decide lo correcto e incorrecto; llegas a decidir cuáles leyes obedecerás y cuáles no. Pero los versículos 10 y 11 de Santiago 2 nos muestran que los mandamientos de Dios no deben ser tratados como si fueran preguntas de opción múltiple, donde de diez opciones puedes elegir cuatro. De nada te sirve si dices «no he cometido adulterio» pero has ignorado a los que sufren necesidad; la ley es una sola unidad, no una aglomeración de mandamientos separados. Santiago nos exhorta a que nos demos cuenta de que toda la ley representa la voluntad de Dios. La fe exige que obedezcamos todo lo que Él dice. Y hay un elemento importante que nos ofrece aliento: «Hablen y pórtense como quienes han de ser juzgados por la ley que nos da libertad» (v. 12).

La ley que nos da libertad, es decir, aquella «ley perfecta que da libertad», que Santiago mencionó en 1.25, sirve de contraste con la ley que solamente ofrece condenación. Se trata de la ley que nos otorga libertad.

Hace un tiempo atrás teníamos uno de esos peces anaranjados en una pequeña pecera en la cocina. Imaginémonos que este pez hubiera querido gozar de su libertad. Si hubiese saltado de la pecera al piso de la cocina, no habría encontrado lo que buscaba, pues no era ese el lugar donde viven libres los seres de su especie. Por ello, más bien hubiera querido saltar a un riachuelo o un lago, donde sí habría alcanzado su libertad, pues entonces sí habría vivido en un medio para el cual fue creado. Sucede lo mismo con la humanidad. Solo podemos descubrir la libertad cuando vivimos según los parámetros que Dios, nuestro bondadoso creador, ha establecido, pues el creyente logra experimentar satisfacción solo cuando vive según la voluntad de Dios. De esta manera, llegamos a recibir el perdón y el poder del Espíritu, a fin de que tengamos libertad para vivir como deberíamos. Tenemos la capacidad para obedecer a Cristo.

Es común que los cristianos oigan decir que tratar de vivir según la ley de Dios (por ejemplo, los Diez Mandamientos) es algo que los limita demasiado a la gente, y que ha dejado de ser adecuado para el mundo moderno. ¿Cómo responderías a esta declaración?

«Así que el amor es el cumplimiento de la ley» (Ro 13.8–10). ¿Se te ocurren ejemplos del diario vivir que demuestran que esta afirmación es una gran verdad?

2. El juicio y la misericordia (2.12–13)

> Hablen y pórtense como quienes han de ser juzgados por la ley
> que nos da libertad, porque habrá un juicio sin compasión para
> el que actúe sin compasión. ¡La compasión triunfa en el juicio!

Una vez más, Santiago repite las palabras de Jesús. Seremos juzgados por la manera en que habremos mostrado compasión. «Dichosos los compasivos, porque serán tratados con compasión» (Mt 5.7). Los creyentes también tendrán que enfrentar el juicio. No se trata de un juicio que determinará si somos salvos o no, porque «ya no hay ninguna condenación para los que están unidos a Cristo Jesús» (Ro 8.1); pero sí habrá un juicio por la manera en que practicamos nuestra responsabilidad cristiana. Será tal como lo describe 2 Corintios 5.10: «Porque es necesario que todos comparezcamos ante el tribunal de Cristo, para que cada uno reciba lo que le corresponda, según lo bueno o malo que haya hecho mientras vivió en el cuerpo». Asimismo, Pablo enseña en 1 Corintios 3.10–15 que llegará un día en que la calidad de lo que habremos construido será probada y, en aquel día del juicio, sabremos si habrá pasado la prueba o quedarán solo escombros. La manera en que conducimos nuestras vidas cuenta mucho. ¿Habremos vivido vidas dignas del ejemplo y el nombre de Cristo? ¿Habremos logrado cumplir la ley suprema?

Entonces, el constante argumento que Santiago nos presenta, es decir, que debemos ser compasivos con aquellos que sufren de necesidad, constituye la verdadera e imprescindible señal de fe y obediencia. Ser misericordiosos no nos hace que ganemos nuestra salvación, pero es prueba de que tenemos una fe auténtica y, por tanto, de que somos realmente capaces de experimentar la compasión de Dios. Santiago también menciona un dicho breve en el versículo 13: «¡La compasión triunfa en el juicio!». Tal como he mencionado anteriormente, no tenemos que temer ninguna condenación. Si la compasión de Dios nos ha aceptado, estamos en una posición segura; pero no podemos usar todo esto como una excusa para disminuir la seriedad con la que Santiago nos ha exhortado. De hecho, algunos piensan que Santiago se refiere en esta parte no a la compasión de Dios que triunfa, sino a nuestras propias obras compasivas que logran triunfar sobre el juicio.

La verdad es así: Dios nos otorga más gracia, tal como veremos en el capítulo 4 de Santiago. La compasión que Dios demuestra para con los pecadores no tiene fin. No debemos vivir con temor acerca del juicio futuro. La cruz demuestra cuán real es este versículo: la compasión triunfa en el juicio; pero, al mismo tiempo, no debemos subestimar nuestras responsabilidades morales. La fe y la obediencia van de la mano.

¿Qué quiere Santiago cuando se refiere a «actuar con compasión»? ¿En qué situaciones podemos observar esta manera de actuar en nuestras vidas y comunidades cristianas?
¿Hasta qué grado debería motivarnos el juicio futuro y nuestra responsabilidad delante de Dios con el fin de que vivamos vidas que son de su agrado?

Para mayor investigación
En 1 Corintios 3.10–15 Pablo da a entender que la manera en que vivimos en el presente tendrá repercusiones en el futuro. ¿De qué manera nos sirven las figuras literarias en torno a construir y ser probados por fuego para lograr entender mejor nuestras responsabilidades morales a la luz de la vida eterna que tenemos por delante?

Para reflexionar
- Hemos citado a Pablo cuando afirma que «ustedes han sido llamados a ser libres» (Ga 5.13). Reflexiona acerca de lo que la libertad cristiana realmente significa y cómo podemos alcanzarla.
- Este capítulo concluye con un recordatorio respecto a la infinita compasión de Dios. Dedica un tiempo de oración para agradecer a Dios por su constante compasión hacia ti.

Capítulo 6

La fe y las obras

Objetivo: Descubrir lo que la verdadera fe realmente significa.

Tema
La fe cristiana no es solamente un asunto de fórmulas o creencias correctas, sino que por medio de obras debe demostrar que es genuina.

Leer: Santiago 2.14–26

Versículo clave: Santiago 2.22

Bosquejo:
1. Palabras religiosas (2.15–17)
2. Creencias ortodoxas (2.18–20)
3. Fe verdadera (2.21–26)

> Hermanos míos, ¿de qué le sirve a uno alegar que tiene fe si no tiene obras? ¿Acaso podrá salvarlo esa fe? (*Stg 2.14*)

Santiago desea mostrarnos cuál es el aspecto de la verdadera fe. A lo largo de todo el capítulo ha resaltado la idea de que la fe genuina es aquella que se pone en práctica. Santiago nos sugiere que, cuando nos encontramos con una situación donde hay necesidad, hay tres maneras de responder a ello: con palabras religiosas, con creencias ortodoxas o con fe verdadera.

1. Palabras religiosas (2.15–17)

> Supongamos que un hermano o una hermana no tiene con qué vestirse y carece del alimento diario, y uno de ustedes le dice: «Que le vaya bien; abríguese y coma hasta saciarse», pero no le da lo necesario para el cuerpo. ¿De qué servirá eso? Así también, la fe por sí sola, si no tiene obras, está muerta. (*2.15–17*)

Aquí se trata de alguien al que le sobran los buenos consejos, pero que no está dispuesto a mover ni un dedo para ayudar. Su boca pronuncia dichos religiosos sin utilidad alguna, y no hace nada cuando se le presenta una situación de urgente necesidad. ¿Qué clase de fe es aquella? Es falsa, dice Santiago. No nos debe sorprender que Jesús haya dicho lo mismo respecto a aquel que dice palabras religiosas pero que no lleva nada a la práctica. ¿Recuerdas el relato de Jesús acerca de los falsos profetas en Mateo 7? «No todo el que me dice: "Señor, Señor", entrará en el reino de los cielos, sino solo el que hace la voluntad de mi Padre que está en el cielo» (Mt 7.21). Cualquiera podría profetizar en su nombre, realizar milagros, hablar de una manera muy piadosa; pero sin obras, aquella fe es inservible. Esta es una de las maneras de responder: con palabras religiosas.

· ·

¿Se te ocurren ejemplos donde nuestras palabras religiosas (ya sea de parte de personas o de instituciones religiosas) se vuelven excusas para no llevar nada a la práctica?

Lo que Jesús nos enseña en Mateo 7.15–23 nos debe servir de advertencia respecto a que las palabras correctas e incluso los milagros que se hayan realizado en el nombre de Jesús no son prueba de que la persona tenga una fe verdadera. Lee estos versículos y dedica tiempo a reflexionar si lo que se describe de los falsos profetas se relaciona con nuestros tiempos actuales.

· ·

2. Creencias ortodoxas (2.18–20)

En los versículos 18 y 19 Santiago ofrece un diálogo: «Sin embargo, alguien dirá: "Tú tienes fe, y yo tengo obras". Pues bien, muéstrame tu fe sin las obras, y yo te mostraré la fe por mis obras. ¿Tú crees que hay un solo Dios? ¡Magnífico! También los demonios lo creen, y tiemblan».

La segunda manera de responder es ortodoxa en términos de contenido, pero también es inservible en términos prácticos. Los creyentes judíos habrían querido expresar su creencia en un solo Dios. Se trata de una creencia fundamental que aparece en Deuteronomio 6.4: «Escucha, Israel: El Señor nuestro Dios es el único Señor». Si crees en ello, dice Santiago, «¡magnífico!»; pero, como se ha dicho tantas veces, el creyente que es únicamente ortodoxo no logra poner en práctica el versículo de Deuteronomio 6.5, que nos exhorta a amar a Dios con todo nuestro corazón. De hecho, si todo lo que hace es repetir las creencias ortodoxas, es tan igual a los demonios (v. 19). Tal como Craig Blomberg lo ha descrito: «Satanás y todas sus huestes de maldad son monoteístas».[13] Según Marcos, el primero que reconoció a Jesús como el Hijo de Dios fue un demonio. Por lo menos, los demonios logran hacer algo al respecto, aunque sea temblar (v. 19). Sabemos bien que es muy fácil para nosotros los cristianos tener las doctrinas correctas y, sin embargo, fracasar cuando se trata de vivir la verdad: creencias ortodoxas, pero sin obras.

Una vez leí en un diario un artículo titulado: «No creo que los creyentes realmente crean». Jamie Whyte escribió: «La verdadera prueba de que alguien cree genuinamente no es lo que dice sino lo que hace. Creer en algo es estar dispuesto a llevarlo a la práctica. La gran mayoría de cristianos occidentales fallan esta prueba». Añade que si bien la manifestación religiosa causa fastidio, «no causa ninguna preocupación una vez que se descubre que se trata tan solo de palabras huecas».[14]

Es muy necesario que escuchemos estas críticas. En esta parte, Santiago critica la fe que se ubica tan solo en el intelecto, que dice y

---

[13] Craig Blomberg y Mariam Karnell, *Exegetical Commentary on the New Testament: James* (Grand Rapids: Zondervan, 2008), 135.
[14] *The Times,* 16 de septiembre de 2008.

afirma cosas correctas, pero que no está seguida de la obediencia. Se podría decir que existen seres como renacuajos cristianos: criaturas que poseen una cabeza gigante y casi nada más. Martin Luther King describió una vez la esquizofrenia crónica que sufren aquellos cristianos que orgullosamente profesan algunos principios, pero que llevan a la práctica todo lo contrario a esos principios: «Cuán a menudo nuestras vidas sufren de una hipertensión de credos y una anemia de obras».[15]

Así que Santiago ofrece un resumen en el versículo 20 recurriendo a un juego de palabras (en el texto original) en torno al término «obras». La fe que no es llevada a la práctica carece de obras. O se podría decir que «la fe que no sirve, no sirve». Aquella clase de fe no salva; en realidad no es fe. Pero hay una tercera manera de responder: no con palabras religiosas o con creencias ortodoxas, sino con fe verdadera.

Los evangélicos son gente que cree en los evangelios y en la Biblia: están conscientes de que las creencias ortodoxas son importantes porque las Escrituras constantemente nos exhortan a dedicarnos a la verdad. Entonces, ¿qué critica Santiago cuando describe los peligros que involucran tan solo «creer»? Trata de resumir con tus propias palabras la versión de la fe que Santiago critica.

3. Fe verdadera (2.21–26)

A continuación, Santiago nos ofrece ejemplos de la vida real que muestran cómo se ve la fe en acción; para ello, recurre a un patriarca y a una prostituta. En caso de que el ejemplo del gran Abraham genere una sensación de temor, tenemos a disposición el relato de Rajab. Es obvio que, en la Biblia, Abraham es el máximo ejemplo de la fe. Estuvo

---

15 Martin Luther King, *Strength to Love* (Fontana, 1969), 37.

dispuesto a sacrificar a su propio hijo, nos dice el versículo 21. Entonces, Santiago añade: «Su fe y sus obras actuaban conjuntamente, y su fe llegó a la perfección por las obras que hizo» (v. 22). Logró demostrar que su fe era real y verdadera porque estuvo dispuesto a obedecer y a hacer algo al respecto.

Asimismo, Rajab demostró tener esa misma clase de fe (v. 25). Creyó en el Dios de los israelitas y obró a favor de los espías. Fue un acto generoso y arriesgado, tal como lo hizo Abraham. Rajab confió en el Señor, más que en el rey de Jericó. Por ello, aparece en la lista de héroes de la fe en Hebreos 11, y su nombre también figura en la genealogía de Jesús en Mateo 1.5. De esto se trata el ejemplo de la vida real que Santiago quiere comunicar: que incluso la prostituta Rajab fue considerada una persona justa. Tanto Abraham como Rajab tenían fe en Dios y lo demostraron con vidas obedientes. Sus obras mostraron que su fe en Dios era genuina.

Claro que este pasaje ha llegado a ser muy conocido por causa de las sospechas de algunos personajes de la historia, incluyendo a Lutero, que suponían que hubo un desacuerdo entre Santiago y Pablo respecto a asuntos fundamentales de la doctrina cristiana. Así que, aprovecho para comentar lo siguiente. En primer lugar, debemos recordar lo que afirma la Biblia: la base de la fe cristiana no depende de *lo que hacemos*, sino de lo que *fue hecho*. «Porque por gracia ustedes han sido salvados mediante la fe […] no por obras, para que nadie se jacte» (Ef 2.8–9). Pablo reafirma esta verdad en varias de sus epístolas. En segundo lugar, también nos enseña que esta fe se manifiesta en obras: «… si tengo una fe que logra trasladar montañas, pero me falta el amor, no soy nada» (1Co 13.2): «Lo que vale es la fe que actúa mediante el amor» (Ga 5.6).

Una vez más, tanto Pablo como Santiago afirman la realidad de la fe en la práctica; pero también escriben respecto a varios asuntos en sus epístolas. A Pablo le preocupaba corregir la situación en la cual la gente creía que podía alcanzar la salvación por medio de las obras de la ley. Se habían imaginado que podían llegar a ser justificados sencillamente obedeciendo las obras de la ley y que al cumplir esas obras contribuían a establecer una relación correcta con Dios. Pablo les dice que ello es imposible. A Santiago le preocupaba corregir una situación en la que la gente no demostraba las obras que nacen por haber nacido del evangelio. Santiago les dice que ello es contradictorio. Tal como lo ha expresado John Stott: «Se les dio ministerios diferentes a los dos pero no mensajes distintos. Proclamaron el mismo evangelio, pero con distintos énfasis».[16]

Me encanta la ilustración que ofrece Francis Gench: «Pablo enfrenta un asunto relacionado con la obstetricia, es decir, con el inicio de la vida; Santiago enfrenta un asunto relacionado con la pediatría y geriatría, es decir, con el proceso de crecimiento, madurez y vejez».[17] Si prefieres, imagínate que la conversión cristiana es como un portal. Pablo se encuentra antes del portal, y Santiago después del portal. Pablo trata acerca de lo que se necesita antes de cruzar el portal; Santiago escribe acerca de lo que se necesita luego de cruzar el portal. La verdadera fe es el tema que preocupa tanto a Pablo como a Santiago. Cuando Pablo escribe «Porque por gracia ustedes han sido salvados *mediante la fe*» (énfasis nuestro), lo que quiere decir es que se debe vivir una fe genuina, lo cual afirma una total dependencia en Jesucristo el Salvador. Cuando Santiago usa el término «fe» en este capítulo, uno se puede dar cuenta a qué se refiere: algo que está muerto, que es falso y no sirve. Por ello, Calvino combina esto con una sencilla expresión: «… por tanto, la fe sola es la que justifica, pero la fe que justifica no está sola».[18]

· ·

En el versículo 22 Santiago dice que la fe de Abraham «llegó a la perfección por las obras que hizo». ¿Qué opinas respecto a lo que Santiago quiere decir?

· ·

---

[16] Citado en Timothy Dudley-Smith, ed., *Authentic Christianity: From the Writings of John Stott* (Leicester: IVP, 1995), 175.

[17] Citado en Blomberg y Karnell, *Commentary: James,* 139.

[18] Nota del traductor: el lector debe tener precaución con aquellas citas de Calvino que provengan de traducciones al inglés y que luego se vierten al español (es obvio que Calvino no escribía en inglés moderno). En este caso, la cita original, que incluyo al final de esta nota, proviene del «antídoto» que Calvino formuló contra las Actas del Concilio de Trento. Ver *Acta synodi tridentinae cum antidoto* (1547): *Fides ergo, sola est quae iustificet: fides tamen quae iustificat, non est sola* (11.° antídoto).

Para mayor investigación

Nos hemos referido a las enseñanzas de Pablo en Efesios 2.8–10. A veces se ha dicho que, a la luz de estos versículos, Pablo está en desacuerdo con Santiago. ¿Cómo responderías a la supuesta contradicción entre Santiago 2.24 y Efesios 2.8–10?

Para reflexionar

La sección que hemos estudiado contiene temas teológicos de importancia vital, pero la esencia de este pasaje presenta aquella acusación contra los cristianos porque se ignora con facilidad la grave situación de los pobres y los necesitados. Nuestro mundo demuestra tener incluso un mayor grado de injusticia que cuando Santiago escribió su epístola. Reflexiona acerca de las maneras prácticas en que tú y tu comunidad cristiana deberían actuar, y dedica tiempo en oración para que Dios los ayude a llevarlas a cabo.

Repaso de la segunda parte: Santiago 2

Cada uno de los tres ejemplos que hemos analizado en este capítulo contiene una declaración final. En primer lugar, vimos el ejemplo de la persona que posee *palabras religiosas*: Santiago concluye en el versículo 17: «Así también la fe por sí sola, si no tiene obras, está muerta». En segundo lugar, vimos el ejemplo de la persona que posee *creencias ortodoxas*. Santiago concluye en el versículo 20: «La fe sin obras es estéril». Y en tercer lugar, vimos el ejemplo de la *fe verdadera*. Santiago concluye en el versículo 26: «Pues, como el cuerpo sin el espíritu está muerto, así también la fe sin obras está muerta». El gran tema que domina todo este capítulo es *la fe genuina se demuestra con obras*.

Además, explicamos a partir del capítulo 1 que Santiago nos exhorta a vivir con integridad. Desea tener cristianos cuyas palabras, carácter y obras se manifiesten en armonía. Lo mismo sucede en el capítulo 2: «Las manos que cumplen las obras de la fe». Sabemos que esta es la clase de fe cristiana que Dios desea ver en nosotros y también es la que el mundo necesita ver. En resumidas cuentas, se trata de ser como Jesús, que fue «poderoso en obras y en palabras». John Wesley se preocupó de manera especial por los pobres y viajó unos cuatrocientos mil kilómetros predicando unos cuarenta mil sermones. Dio a conocer que su propósito en la vida era «exaltar a Cristo ante el mundo, llevarlos a los lugares más recónditos y sombríos de la tierra donde aún no lo conocen […] y vivir tan cercano y compenetrado a él para que así los demás puedan darse cuenta de que Jesús realmente existe, porque otro ha demostrado que se puede ser como Jesús».

Los labios que hablan la verdad

Santiago 3

Los labios
que hablan la verdad

Introducción a la tercera parte

«Por todo el mundo los miembros de nuestra especie se esfuerzan por generar sonidos en forma de siseos y zumbidos, chirridos y tronidos, y escuchan a otros hacer lo mismo». Así es como Steve Pinker, profesor de ciencia cognitiva, presenta su libro sobre el lenguaje. Las palabras son instrumentos muy poderosos que nos permiten transmitir los pensamientos de una cabeza a otra. Nos dice que «los niños empiezan a aprender palabras desde antes que cumplan un año y […] cuando empiezan a ir al colegio los niños ya dominan unas trece mil palabras. El estudiante promedio que se ha graduado de la secundaria conoce unas sesenta mil palabras; y un adulto con una cultura promedio quizá sepa el doble».[19]

Algunos escritores populares aseguran que, en un típico día, las mujeres pronuncian un promedio de veinte mil palabras, mientras que los hombres tan solo logran un promedio de siete mil. Me es imposible comentar al respecto. Pero, según Deborah Cameron, profesora de Lenguaje y Comunicación en la Universidad de Oxford, estas cantidades son tan solo imprecisas suposiciones. El año pasado, un equipo de científicos informó que la cantidad más exacta es la misma tanto para hombres como para mujeres, es decir, dieciséis mil palabras para cada sexo.[20] Eso sí, algunos de nosotros nos sentimos

---

[19] Steven Pinker, *Words and Rules* (Londres: Phoenix, 1999), 3.
[20] Deborah Cameron, *Programme notes for The Taming of the Shrew* (RSC, July 2008).

como Abraham Lincoln, quien dijo que prefería quedarse callado y pasar por un tonto que decir lo que piensa y no dejar ninguna duda al respecto.

Uno de los problemas respecto a la comunicación en nuestros tiempos se relaciona con los medios masivos, en los cuales las palabras se tergiversan muy fácilmente. George Orwell se adelantó a su época cuando dijo que el lenguaje político «está diseñado para que las mentiras suenen a verdad y los asesinatos se tomen como algo normal, y darle al viento la apariencia de solidez». Vinoth Ramachandra recalca que se da el mismo engaño cuando los medios de comunicación hablan de las «bombas inteligentes», los «bombardeos quirúrgicos» o los «santos atentados»; también cuando, respecto de un conflicto, afirman siempre que es una «guerra», en vez de una «invasión», o una «liberación», en lugar de una «ocupación», y cuando dicen que las ciudades «están a salvo», en vez de estar «sitiadas y tomadas».[21]

En tiempos de la Biblia, el factor moral respecto a la manera de hablar de la gente era de mucha importancia tanto para los griegos como para los judíos y los cristianos, en particular debido al predominio del discurso oral como principal medio de comunicación. Sin embargo, en la actualidad poco se discute sobre este tema. Casi no hay libros al respecto y tampoco se escuchan sermones, pese a que en el siglo XXI aún seguimos dependiendo del discurso oral. Pero, para Santiago, la manera de hablar ocupa un lugar vital en el llamado cristiano a vivir vidas que reflejen el carácter y las preocupaciones de Dios. Lo que *decimos* constituye un indicador clave respecto a si estamos o no estamos viviendo con integridad, y si nuestras vidas gozan de armonía.

Santiago trata este tema muchas veces. Lo dijimos al principio: así como los muebles se fabrican con un acabado muy pulido al estilo francés, Santiago usa un estilo pedagógico elíptico o repetitivo que repasa temas familiares, para de esta manera reforzarlos y refinarlos. En el versículo 1.19, nos ofrece un avance de la película cuando nos dice que «Todos deben [...] ser lentos para hablar [...]», y en 1.26, de modo más directo: «Si alguien se cree religioso, pero no le pone freno

---

[21] Vinoth Ramachandra, *Subverting Global Myths* (Londres: SPCK, 2008), 34, 37.

a su lengua, se engaña a sí mismo, y su religión no sirve para nada». Volveremos a encontrarnos con estos temas en capítulos posteriores: «No hablen mal unos de otros» (4.11), y «No juren» (5.12). Esto representa una preocupación primordial para Santiago y constituye la esencia de su llamado a vivir una vida plena e íntegra. Por ello, el título de esta sección es "Los labios que hablan la verdad".

Capítulo 7

Lo que decimos

Objetivo: Entender la razón por la que necesitamos la ayuda de Dios para poder controlar lo que hablamos y la manera en que lo hacemos.

Tema

Lo que hablamos dice mucho de nosotros. Nuestras palabras tienen poder y posibilidades de hacer el bien o el mal. Nos ofrecen un claro indicador respecto a si vivimos o no vivimos vidas íntegras.

Leer: Santiago 3.1–12

Versículo clave: Santiago 3.2

Bosquejo:
1. La trascendencia de las palabras (3.1–2)
2. El poder de las palabras (3.3–8)
3. La posibilidad de las palabras (3.9–12)

1. La trascendencia de las palabras (3.1–2)

Cualquiera que asuma la tarea de explicar este capítulo, enfrentará de inmediato un serio recordatorio. «Hermanos míos, no pretendan muchos de ustedes ser maestros, pues, como saben, seremos juzgados con más severidad» (v. 1).

Seguramente, muchos padres de familia judíos de la época se sentían muy entusiasmados por la posibilidad de que sus hijos lograsen ser maestros, pues los de las sinagogas alcanzaban una buena posición y obtenían poder. Quizá los cristianos también pensaban lo mismo, ya que en la iglesia primitiva, a diferencia de los evangelistas y los apóstoles, los cuales se trasladaban de iglesia en iglesia, el maestro llegaba a ser la figura estable y con autoridad en la comunidad cristiana. Sin embargo, en los días de Santiago, los maestros no eran tan solo comunicadores de ideas, sino también ejemplos que la gente debía seguir. Por ello, más adelante en este capítulo, Santiago resaltará el papel primordial que juega la sabiduría, la cual, como hemos visto, tiene relación con el carácter y la vida íntegra. Esto forma parte de la madurez bien formada de la que Santiago se preocupa tanto.

Todas las personas que se dedican al arte de hablar en público encaran cierto tipo especial de tentaciones. Pueden ser influenciados por una clase de ambición equivocada; son tentados por la soberbia, quizá sean culpables de hipocresía y es posible que creen confusión al utilizar palabras imprudentes. Por ello, no nos debe sorprender que Santiago advierta que los maestros serán juzgados con mayor severidad. Y esta es la razón por la cual la humildad juega un papel tan importante, como veremos más adelante en este capítulo. A fin de cuentas, *lo que uno dice es de suma importancia*. La fe cristiana se fundamenta en las Palabras de Dios, lo cual revela su poder y propósito. Dios es el que ha elegido hablarnos. No eligió hacerlo mayormente por medio de símbolos o imágenes, sino por *palabras*. Y estas palabras logran su cometido porque tienen el poder de Dios. Tal como observamos en Santiago 1, hay cierta dinámica en torno a su Palabra, la cual debemos escuchar, recibir y obedecer porque nos salva. Por tanto, el ministerio de la Palabra en todas sus dimensiones es de suprema importancia para la salud de la iglesia. Se trata de un componente primordial para el bienestar de cada congregación cristiana.

Además, es importante que nos demos cuenta de que Santiago no solo se refiere al ministerio docente en su sentido formal. La manera en que *hablamos cada día* es importante. Como lo hemos recalcado, la razón por la cual la forma en que nos comunicamos es importante, se debe a que se fundamenta en el carácter de Dios y sus obras. Por consiguiente, no se trata de que este capítulo lo estudien solamente los maestros, pues nos concierne a todos. Entonces, nos consuela que Santiago sea realista al decir «Todos fallamos mucho» (v. 2) y «Si alguien nunca falla en lo que dice, es una persona perfecta, capaz también de controlar todo su cuerpo» (v. 2).

La manera en que nos comunicamos funciona como un caso que sienta un precedente: si uno nunca falla en esto, entonces verdaderamente ha alcanzado la «perfección». Existe la posibilidad de que Santiago use este término para indicar la ausencia de pecado; pero es el mismo término que encontramos en 1.4, y que a veces se traduce como «madurez plena». Aunque es cierto que tropezamos de muchas maneras, si logramos controlar lo que decimos, entonces nos dirigiremos por el buen camino hacia la madurez plena, porque nos encontraremos en el proceso de controlar todo nuestro ser. Todo ello se debe a que nuestros labios reflejan lo que sucede dentro de nosotros, ya sea para bien o para mal, por lo cual todos seremos juzgados, no solo los maestros. De seguro que Santiago oyó las enseñanzas de Jesús, las cuales fueron registradas por Mateo: «Al árbol se le reconoce por su fruto» (idea que luego Santiago usará en su epístola). «Pero yo les digo que en el día del juicio todos tendrán que dar cuenta de toda palabra ociosa que hayan pronunciado. Porque por tus palabras se te absolverá, y por tus palabras se te condenará» (Mt 12.36–37). A la luz de esta tremenda responsabilidad, no nos sorprende que Santiago prosiga en la demostración de la seriedad del caso.

Reflexiona acerca de aquellas áreas de la vida en donde lo que uno dice juega un papel primordial, quizá en calidad de padre de familia, amigo, jefe de trabajo o, incluso, maestro de escuela dominical. ¿Consideras que tus palabras logran pasar la prueba que Santiago nos ha dejado? Explica tu respuesta.

2. El poder de las palabras (3.3–8)

Santiago nos dice que, aunque la lengua es pequeña, posee mucho poder. Nos ofrece una serie de ejemplos para lograr comunicar su idea. «Cuando ponemos freno en la boca de los caballos para que nos obedezcan, podemos controlar todo el animal. Fíjense también en los barcos. A pesar de ser tan grandes y de ser impulsados por fuertes vientos, se gobiernan por un pequeño timón a voluntad del piloto» (vv. 3–4).

En 1.26 Santiago nos dice que es primordial poner freno a nuestra lengua, y la idea que quiere comunicar aquí en el capítulo 3 es la misma: el freno en la boca del caballo logra controlar todo el animal. Un pequeño estirón de las riendas y el animal se dirige a donde queremos. Lo mismo sucede con el timón de un gran barco: un pequeño ajuste y se controla con firmeza la dirección del navío. Recuerdo que hace años tuve la oportunidad de visitar la cabina de vuelo de un gran avión, antes de que tengamos tantos controles de seguridad. Me sorprendió ver que por el más mínimo ajuste de los controles, el avión y sus pasajeros cambiaban de rumbo de manera inmediata.

Aunque la lengua sea pequeña, es capaz de lograr la paz o empezar guerras. Se la podría comparar a la energía nuclear. Si se la usa de una manera adecuada puede producir mucho bienestar, pero si se le da un mal uso logra causar un tremendo daño. Lo mismo se dice en otro de los ejemplos de Santiago. «¡Imagínense qué gran bosque se incendia con tan pequeña chispa! También la lengua es un fuego […]» (vv. 5–6). Con tan solo una colilla de cigarrillo las consecuencias pueden ser devastadoras para las casas y las vidas de la gente. ¿No es cierto? Un comentario imprudente puede destruir toda una buena reputación; puede herir profundamente al prójimo. El versículo 6 prosigue: «También la lengua es un fuego, un mundo de maldad. Siendo uno de nuestros órganos, contamina todo el cuerpo y, encendida por el infierno, prende a su vez fuego a todo el curso de la vida».

Es como un mundo en miniatura. Piensa por un momento en el entorno en que vivimos y todo lo que caracteriza este mundo caído: envidias, calumnias, idolatría, blasfemias, codicia y avaricia. Todo esto sale a relucir por medio de la lengua. Esta es la razón por la que Santiago dice que contamina todo el cuerpo. No teme decirnos el origen de esta malévola influencia: proviene del mismo infierno. El término «infierno», que aparece en el versículo 6, es «Gehena» en el original. Se trata del lugar a las afueras de Jerusalén donde se solía sacrificar niños al dios Moloc y en el vertedero de basura donde se la quemaba permanentemente. Un comentarista escribe que quizá Santiago nos advierte de un serio juicio, porque la lengua que empieza un incendio termina siendo quemada por el fuego.

Santiago prosigue con su argumento en los versículos 7 y 8. En el mandato de la creación se nos dio la responsabilidad de sojuzgar la tierra, controlarla y desarrollar sus recursos. Hemos logrado domesticar un sinnúmero de animales: podemos hacer que los chimpancés beban té, que los delfines jueguen voleibol e, incluso, que las pulgas realicen actos acrobáticos. Sin embargo, no podemos controlar nuestra propia casa. No se trata tan solo de un fastidio, sino de una amenaza mortal. «Es un mal irrefrenable, lleno de veneno mortal» (v. 8). «Irrefrenable» es el mismo término que hallamos en 1.8 respecto al que es inconstante. De esa manera nos imaginamos una tormenta en el mar: inestable, desordenada y descontrolada.

El salmista nos dice respecto a la gente malvada de su época: «Afilan su lengua cual lengua de serpiente; ¡veneno de víbora hay en sus labios!» (Sal 140.3). Es como la guerra con armas químicas donde tan solo una gota en las reservas de agua puede causar daño a toda la población de una ciudad. La lengua es poderosa y puede causar daño en tan solo unos segundos.

Steve Pinker comenta que tenemos la habilidad de reconocer palabras de una manera muy rápida. Desciframos el significado de una palabra en tan solo un quinto de segundo, casi antes de que el locutor haya terminado de pronunciarla, y generamos palabras casi tan rápido como el ejemplo anterior. «Le toma al cerebro como un cuarto de segundo para ubicar una palabra con la que identificará algún objeto, y otro cuarto de segundo para que la boca y la lengua se preparen para pronunciarla.[22] Por esta razón, es tan importante que utilicemos primero el cerebro antes que la boca. Palabras con ligereza, con amargura, indolentes y venenosas producen un profundo daño. Esto lo vemos a diario en nuestros hogares, centros laborales e iglesias.

---

[22] Pinker, *Words and Rules*, 3.

El escritor Ben Okri lo ha descrito de esta manera: «Todos conocemos a personas que no son felices por causa de una serie de palabras que escucharon en alguna fecha que no pueden olvidar, ya sea en la niñez, en el colegio o en la universidad [...] un golpe en la cabeza se nos pasará, pero un comentario hiriente se nos queda en la mente. Pero quizá existe la posibilidad de que conozcamos muy bien el poder destructivo de las palabras y, por ello, las usamos con precisión mortal y tanta crueldad».[23]

Hace tiempo que leí un artículo en *The Baptist Times* en el cual el escritor describía la experiencia de sus colegas en el ministerio cristiano. Durante una reunión de iglesia, dos miembros tuvieron un desacuerdo y se fueron a los golpes. Uno de ellos quedó inconsciente en el piso y tuvieron que llamar a una ambulancia para que se lo llevará al hospital. El escritor se plantea la interrogante respecto a qué habrían registrado en las actas de la reunión; y también cuál fue la conversación que tuvieron los paramédicos en la ambulancia. Además, sugiere que no debemos sentirnos superiores a estos miembros de iglesia porque no solo sucede entre los bautistas ni tampoco se relaciona con la violencia física. «Somos capaces de evitar la violencia física porque hemos desarrollado la habilidad de vengarnos de una manera más sutil por medio de nuestras lenguas».[24] Aquellas palabras hirientes, sarcásticas, amenazantes y humillantes pueden causar estragos. La Biblia usa distintas imágenes literarias como ejemplos para demostrar que las palabras pueden ser armas mortales, lanzas y espadas eficaces y flechas que destruyen al prójimo (como en el uso que se les da a dientes y lenguas en pasajes como Sal 57.3, 64.3 y Jer 9.8).

Hoy sucede lo mismo con los mensajes de correo electrónico, los blogs y las redes sociales. Recientemente, durante un debate público en el que los evangélicos dieron a conocer sus distintas posturas, fue muy alarmante ver que algunos blogueros cristianos recurrieron a un lenguaje destructivo, a menudo bajo el amparo del anonimato.

Los correos electrónicos representan un peligro muy específico. Tengo la costumbre de guardar mis mensajes como borrador por unas

---

[23] Citado en Richard Bauckham, *James* (Abingdon: Routledge, 1999), 205.
[24] *The Baptist Times,* 17 de julio de 2008.

veinticuatro horas, luego los vuelvo a leer y los corrijo, porque me preocupa que mis respuestas sean mal interpretadas. Asimismo, en los debates contra aquellos que se oponen al cristianismo, no sirve para nada que los cristianos usen palabras de una manera agresiva. En la sección anterior cité a Sam Harris con desaprobación, pero lamento mucho que tanto él como Richard Dawkins, que representan a los «nuevos ateos», hayan recibido tantos mensajes espantosos y comentarios repudiables en sus blogs. Sam Harris comenta al respecto:

> Desde que publiqué mi primer libro, *El fin de la fe,* miles de personas me han escrito para decirme que estoy equivocado por no creer en Dios. De todos estos comentarios, los más hostiles han venido de parte de los cristianos. ¡Qué irónico! Porque los cristianos por lo general suponen que ninguna fe imparte con mayor eficacia el mayor amor y perdón que la fe de ellos. Lo cierto es que muchos de los que dicen haber sido transformados por el amor de Cristo, son profundamente, incluso sanguinariamente, intolerantes de la crítica.[25]

Ya sea que nos hallemos en familia, en la iglesia o en la sociedad, nuestras palabras deben ser usadas para el buen propósito de Dios, para que demos a conocer la verdad en amor. La idea central de esta parte es la siguiente: o controlamos nuestra lengua o nuestra lengua nos controlará.

• •

¿Cuáles disciplinas crees que te ayudarían a hablar con integridad en las siguientes situaciones?

- Cuando escribes correos electrónicos o comentarios en Facebook.
- Cuando comentas acerca de los fracasos de otras personas o de quienes te han decepcionado.
- Cuando respondes a alguien que te critica.
- Cuando respondes de mala manera a tus hijos cuando estás cansado y emocionalmente desgastado.

---

[25] Sam Harris, *Letter,* vii.

¿Se te ocurre alguna otra situación donde sabes que se te hace difícil no pronunciar palabras ofensivas?

• •

3. La posibilidad de las palabras (3.9–12)

> Con la lengua bendecimos a nuestro Señor y Padre, y con
> ella maldecimos a las personas, creadas a imagen de Dios.
> (*v. 9*)

Esta clase de contradicción es uno de los principales temas de Santiago. Nos presenta una vez más un ejemplo de la persona inconstante, que aparece en 1.6–8. Santiago nos demuestra el grado de hipocresía cada vez que usamos nuestras lenguas para rendirle culto a Dios y al mismo tiempo herimos a nuestro prójimo que ha sido creado a imagen de Dios. Es una contradicción porque, de hecho, bendecimos y maldecimos a la misma persona. Exaltamos a Dios en los cultos de los domingos, y lo insultamos los lunes por la manera en que nos dirigimos o tratamos a nuestro prójimo. Derek Tidball ha sugerido que la persona indecisa e inconstante se vuelve inconsecuente en su manera de hablar.[26]

Es obvio que el resultado de todo esto es que nuestros cultos carecen de propósito. John White recordó una vez un desafiante sermón titulado «Los diez minutos después de finalizado el culto». En él se refiere a aquellos que «pasan de momentos de gloria al chisme, de confesión de fe a la crítica, de alabar a Dios a herir al prójimo».[27] No es para nada extraño que Santiago luego escriba: «Hermanos míos, esto no debe ser así» (v. 10). Nuestras vidas deben reflejar coherencia. Tal como hemos visto, las palabras tienen la posibilidad de hacer el bien o de herir al prójimo, o, como lo dijo un predicador africano, pueden ser medicinales, pero también venenosas.

---

[26] Nota del traductor: En el original hay un juego de palabras que es imposible traducir, esto es, *double-mindedness becomes double-tonguedness*.

[27] John White, *Flirting with the World* (Londres: Hodder Christian Paperbacks, 1983), 42, 43.

En los versículos 11 y 12, Santiago recurre a sencillas ilustraciones para comunicar su idea respecto a ser consecuentes. «¿Puede acaso brotar de una misma fuente agua dulce y agua salada? Hermanos míos, ¿acaso puede dar aceitunas una higuera o higos una vid? Pues tampoco una fuente de agua salada puede dar agua dulce» (vv. 11–12).

Como dijo Jesús, lo que sale de nuestras bocas manifiesta lo que está en nuestros corazones. Al igual que el fruto nos hace saber de qué clase de árbol proviene, asimismo nuestra lengua nos revela qué clase de persona somos. Esto significa que nuestras palabras deben reflejar lo que proviene del evangelio, de la vida de Cristo que mora en nosotros.

Repasemos 1.21: «Por esto, despójense de toda inmundicia y de la maldad que tanto abunda, para que puedan recibir con humildad la palabra sembrada en ustedes, la cual tiene poder para salvarles la vida». Si la lengua pronuncia bendición y maldición, «su dueño posee dos almas», dice Ronald Ward.[28] Así que, una vez más, demostramos que nos falta integridad y que somos inconstantes. Santiago prosigue señalándonos que aquella clase de vida no tiene coherencia. Pero, si nuestras vidas se entregan plenamente a Cristo y su Palabra, desearemos que nuestras palabras expresen la verdad, en vez de falsedad. Un buen corazón produce buen fruto. Si vivimos según la Palabra de Dios y su Espíritu, desearemos usar palabras que inspiren confianza en el prójimo, en vez de hundirlos; los alentaremos y no los criticaremos. Los padres de familia desearán que el papel que juegan como maestros de sus hijos incluya no solo una enseñanza formal, sino también que se exprese en el tono y el estilo de sus conversaciones diarias. Los buenos matrimonios y las buenas amistades serán aquellos en los cuales las conversaciones se llevan a cabo de una manera positiva y confiada. He tenido la oportunidad de presenciar muchísimas veces los efectos de la sabiduría de Proverbios 15.1: «La respuesta amable calma el enojo».

---

[28] Ronald Ward, *New Bible Commentary Revised* (Leicester: IVP, 1970), 1231.

A Santiago le preocupa que la conducta cristiana sea inconsecuente. Piensa por un momento en aquellos momentos en que nuestras palabras fueron ejemplo de inconsecuencia, cuando por un lado dimos buenos consejos cristianos, y por el otro, nos comportamos de forma contradictoria.

Dado el hecho de que todos hemos sido creados a imagen de Dios, ¿de qué manera crees que esto podría cambiar el modo en que vemos al prójimo y les dirigimos la palabra?

La clave respecto a lo que Santiago ha afirmado *no consiste solamente en palabras*, sino que se relaciona con toda la vida. George Stulac lo explica de esta manera: «Propaga el chisme y la gente dejará de confiar en ti. Habla con sarcasmo [...] y la gente dejará de seguirte [...] expresa odio con tu lengua, y otros aspectos de tu conducta también manifestarán odio».[29] A continuación, ofrecemos el eslabón con la siguiente sección de nuestro pasaje. Somos personas integrales: nuestra lengua no tiene una existencia independiente de nosotros; por ello, necesitamos vivir según el propósito que Dios tiene para nuestras vidas. Pero ¿cómo podemos lograrlo?, ¿cómo podemos controlar la lengua?, ¿cómo podemos logra mayor madurez? Es probable que estas preguntas ya hayan estado presentes en nuestras mentes al empezar a estudiar el capítulo 1, versículo 4, cuando se nos exhortó a alcanzar la madurez plena y la perfección. ¿Será posible alcanzar esto?

La respuesta de Santiago en el presente capítulo es la misma que la del capítulo 1. En este, nos recordó la generosidad de Dios, «pues Dios da a todos generosamente sin menospreciar a nadie» (1.5), y aquí, en el capítulo 3, una vez más nos recuerda la urgente necesidad de recurrir a la sabiduría divina. Este será el tema al que pasaremos a continuación.

---

29 George Stulac, *James*, NT Commentary Series (Leicester: IVP, 1993), 125.

Para mayor investigación

Lee Mateo 12.33–37. ¿Qué parecidos y diferencias puedes descubrir entre las enseñanzas de Jesús y lo que Santiago enseña en 3.1–12?

Para reflexionar

En este capítulo hemos explorado uno de los aspectos más exigentes del discipulado cristiano. Piensa en las «16 000 palabras» que pronuncias cada día. ¿Habrá personas que fueron heridas por tus palabras y a las que deberías suplicar su perdón? ¿Habrá falsedades que dijiste y que deberías enmendar? ¿Habrá bromas o chistes que deberías eliminar de tu manera de hablar? Más importante aún, ¿habrá actitudes detrás de tus palabras que deberías cambiar? Dedica tiempo en oración pidiendo a Dios que te ayude a tomar riendas en el asunto.

Capítulo 8

La sabiduría

Objetivo: Descubrir que la única manera de vivir una vida plena y productiva sucede cuando se vive según las normas de Dios.

Tema

Hay dos maneras de vivir: según la sabiduría del mundo o de acuerdo con la sabiduría de Dios. Elegir una de ellas es un asunto serio, dadas las inevitables consecuencias que conlleva cada estilo de vida.

Leer: Santiago 3.13–18

Versículo clave: Santiago 3.13

Bosquejo:
1. La verdadera sabiduría produce una buena conducta (3.13)
2. La verdadera sabiduría produce las actitudes correctas (3.13, 17)
3. La verdadera sabiduría produce relaciones pacíficas (3.16, 18)
4. La verdadera sabiduría es un don de Dios (3.17)

La sabiduría no es algo que solo posee la gente inteligente. Tal como alguna vez comentó C. S. Lewis: «La educación sin religión produce demonios ingeniosos». La sabiduría es la capacidad de percibir que Dios debe ser el centro de nuestras vidas. Tal como hemos venido diciendo, la sabiduría es más que conocimiento: se trata de conocer los caminos de Dios para poder vivir según sus normas. Santiago ya nos ha dicho que el asunto consiste mucho más que en tan solo palabras: no es sencillamente recibir la verdad, sino que se la debe *llevar a la práctica.*

Recurre a un conocido término griego para expresar la sabiduría. En inglés estadounidense se acostumbra clasificar a los estudiantes universitarios de segundo año como *sophomores.* Según una de las etimologías, el término es una combinación de dos palabras, una para sabio y la otra para necio. Así que los estudiantes de segundo año son una combinación de sabios y necios. Para cuando se hayan graduado, se espera que sean plenos «filósofos», es decir, amantes de la filosofía.

A Santiago le preocupa no solo una buena capacidad para emitir juicios, si bien esto es importante. Le preocupa la vida en su totalidad. Por ello, describe dos clases de sabiduría, dos estilos de vida. En el versículo 15 describe la sabiduría terrenal y, luego, en el versículo 17, la que desciende de lo alto. En primer lugar, estas son las características de la sabiduría terrenal: «Esa no es la sabiduría que desciende del cielo, sino que es terrenal, puramente humana y diabólica» (v. 15). Santiago escribe según su estilo característico, sin pelos en la lengua. Nos dice que esta falsa sabiduría manifiesta las tres características a las que a menudo nos referimos: que se relaciona con el mundo, la carne y el diablo. Es terrenal, no espiritual y diabólica. Está claro que Santiago no titubea en llamar diabólica a esta supuesta «sabiduría», a este estilo de vida. Ya nos ha dicho en el versículo 6 que una lengua fuera de control ha sido encendida por el infierno; y en Santiago 4 veremos que nos exhorta a resistir al diablo. En este capítulo 3, la falsa sabiduría es diabólica y te alejará del camino de la vida. De hecho, te destruirá.

En contraste, la verdadera sabiduría proviene de otro lugar: «… la sabiduría que desciende del cielo» (v. 17). Ya lo ha insinuado en el versículo 15 cuando afirma que «esa no es la sabiduría que desciende del cielo». ¿Recuerdas lo que dijo en el capítulo 1 acerca de Dios, el dador generoso? «Toda buena dádiva y todo don perfecto descienden de lo alto, donde está el Padre [...]» (1.17). ¿Qué aspecto tiene esta sabiduría?

1. La verdadera sabiduría produce una buena conducta (3.13)

> ¿Quién es sabio y entendido entre ustedes? Que lo demuestre con su buena conducta, mediante obras hechas con la humildad que le da su sabiduría. (*v. 13*)

¿Cómo podemos identificar la sabiduría que proviene de Dios? No se logra necesariamente al oír una elocuencia inteligente. Más bien, la reconocemos cuando vemos una *buena conducta*. De esta manera, Santiago nos presenta su reto característico. ¿Dices que eres sabio? Demuéstralo con tu vida. Al estudiar Santiago 2, recalcamos que la fe es un asunto práctico, y lo mismo sucede con la sabiduría. La fe debe verse en acción y la sabiduría ha de percibirse en el modo en que vivimos. No se trata de algo que tengo en la mente, sino algo que puedo demostrar por mi conducta. Se trata de un estilo de vida íntegro, una genuina manera de vivir correctamente. Muy a menudo, en nuestro mundo la gente no ve ninguna correlación entre el intelecto y la moral. Una persona podría ser extremadamente inteligente e influyente, pero no cree que haya ningún problema siendo infiel a su cónyuge. Es interesante que en la cultura de hoy, esto haya dejado de ser tan justificable como antes. En un artículo periodístico acerca del primer ministro de Italia, Daniel Finkelstein afirmó que la vida privada de la clase dirigente revela su carácter; y el carácter es quizá el elemento más primordial de los dirigentes. Queremos ver una clase dirigente que posea sabiduría, y una de las evidencias es la manera consecuente en que viven sus vidas.

Santiago completa la descripción de la persona sabia. El versículo 13 dice que aquel que dice tener sabiduría, «que lo demuestre con su buena conducta, mediante obras hechas con la humildad que le da su sabiduría». Alec Motyer describe el típico método de Santiago: «Nos plantea una moral, no de verbos (haz esto), ni de sustantivos (nombra esta buena conducta o aquella), sino de adverbios (acerca de la clase de gente que debemos ser, en todo lo que hagamos). Todo debe ser hecho con la humildad que nos da la sabiduría».[30]

---

[30] Alec Motyer, *The Message of James* (Leicester: IVP, 1985), 113.

¿De qué manera crees que la sabiduría produce humildad?

¿Cómo te imaginas el aspecto de la verdadera sabiduría?

2. La verdadera sabiduría produce las actitudes correctas (3.13, 17)

Hay dos versículos en esta sección que resaltan las actitudes correctas. Se las describe como «obras hechas con la humildad que le da su sabiduría» (v. 13) y luego aparecen en la lista de atributos en el versículo 17: «En cambio, la sabiduría que desciende del cielo es ante todo pura, y además pacífica, bondadosa, dócil, llena de compasión y de buenos frutos, imparcial y sincera». Los atributos que describen a la verdadera sabiduría son muy parecidos a los que Pablo usa cuando describe a los frutos del Espíritu en Gálatas 5.22–23. Nos recuerda una vez más que esta sabiduría *proviene de lo alto*. La única manera en que podemos vivir así, es por la obra del Espíritu en nuestras vidas.

En este pasaje también aparecen aquellos atributos contrastantes. «Pero, si ustedes tienen envidias amargas y rivalidades en el corazón, dejen de presumir y de faltar a la verdad» (v. 14), «porque donde hay envidias y rivalidades, también hay confusión y toda clase de acciones malvadas» (v. 16). Estas son las actitudes que Santiago identifica como mundanas, no espirituales y diabólicas. «Envidias amargas y rivalidades»: aquellos que poseen estas actitudes insisten en ubicarse a sí mismos en el centro. Se trata de lo opuesto a la gracia de Dios, porque en vez de dar, quitan. Es muy triste ver que esto se manifiesta en las comunidades cristianas, y que se caracteriza por partidismos, divisiones sectarias o la imposición de opiniones con el objetivo de excluir a los demás. Como muchas cosas en la vida, esta sabiduría mundana es destructiva, tal como Santiago lo da a entender en el versículo 16: «Porque donde hay envidias y rivalidades, también hay confusión y toda clase de acciones malvadas».

¿Pero cuáles son las características de una vida que se vive según la sabiduría de lo alto? Tal como hemos visto en el versículo 13, esa vida se caracteriza por «obras hechas con la humildad que le da su sabiduría». La verdadera sabiduría se caracteriza por la humildad, porque es pura y bondadosa. Es todo lo contrario a la ambición egoísta. A veces, los que son inteligentes creen que son sabios, pero no se han dado cuenta de que sufren de arrogancia intelectual. Vivo en Oxford, en el Reino Unido, y las antiguas estatuas de la universidad exigen que se ofrezcan sermones anuales sobre el tema del orgullo y la humildad. Pablo decía que el conocimiento envanece. La sabiduría es modesta. En el primer siglo, la modestia no era un atributo que la gente atesoraba. Claro que un esclavo podía ser modesto, pero no una persona de buena reputación. La modestia tampoco es un buen atributo en el siglo xxi. Aquí es donde Jesús logró enseñar y demostrar algo radicalmente distinto a todas las culturas. Mientras colocaba a un niño en el centro de la reunión, exhortó a la gente a que viviera según los atributos de la humildad y la simpleza.

En el versículo 17 nos presenta una lista de otros atributos importantes relacionados con la sabiduría. «Es ante todo pura», es decir, no está contaminada y es íntegra. Luego nos ofrece un grupo de virtudes, que en el original griego empiezan con la letra *e*, quizá para animar a los lectores a que las memoricen: «pacífica, bondadosa, dócil», virtudes que son imprescindibles para la comunidad cristiana. Además, se encuentra «llena de compasión y de buenos frutos»: esta clase de gente demuestra una inmerecida compasión hacia el prójimo. Luego aparece el par final: «imparcial y sincera» (v. 17). Hemos vuelto a la principal preocupación de Santiago. Como vimos en Santiago 2, «imparcial» significa que no da lugar a favoritismos, que no discrimina, que trata al prójimo como personas creadas a imagen de Dios. En estas listas, el apóstol, una vez más, nos exhorta a que tengamos una fe con la fuerza de todo nuestro corazón, una fe que no sea indecisa o hipócrita, una fe que produzca resultados.

Quizá no seamos culpables de ser unos «virulentos egoístas», pero ¿habrá pruebas en nuestras vidas de que sufrimos de «envidias y rivalidades» (v. 16)?

¿Por qué Santiago da a entender en el versículo 15 que aquellas rivalidades son diabólicas?

3. La verdadera sabiduría produce relaciones pacíficas (3.16, 18)

¿Te has dado cuenta de que en el versículo 16 Santiago utiliza una palabra que no habíamos visto antes? Nos dice que las envidias y las rivalidades producen «confusión». Es la tercera vez que Santiago ha usado esta palabra. En 1.8 describe a aquel que «es indeciso e inconstante en todo lo que hace». En 3.8 califica a la lengua como «un mal irrefrenable», que es inestable e impredecible. En el versículo 16 describe el caos de las acciones de la comunidad cristiana.

Al contrario, ¿qué produce la verdadera sabiduría? Hemos visto las palabras que usa Santiago: pacífica, bondadosa, llena de compasión, sincera. Aquellos que demuestran estos atributos evitan las riñas, son dóciles, sensatos, y no es necesario insistirles; difieren sus opiniones o posturas de unos a otros. Una iglesia que demuestra tal sabiduría es aquella que saca a relucir la paz y la cooperación, en vez de los conflictos y las rivalidades. John Wesley describió una vez a la iglesia en términos de una orquesta, y añadió: «cuánta incomodidad causa una nota desentonada». Santiago recurre a algo distinto: «El fruto de la justicia se siembra en paz para los que hacen la paz» (v. 18). De hecho, la paz es una palabra ideal para resumir todo esto: da a entender no solo la ausencia de conflictos, sino la presencia de integridad y armonía. De ello se trata la meta de la sabiduría: produce integridad, *shalom*, y el fruto de la justicia.

Estas palabras finales del capítulo 3 se conectan con las primeras del siguiente capítulo. «¿De dónde surgen las guerras y los conflictos entre ustedes?» (4.1). Richard Bewes comentó una vez: «¡Ustedes no son una iglesia, son una guerra civil!». Al contrario, la verdadera sabiduría produce relaciones pacíficas.

Hace muchos años, una de nuestras amigas que estaba tomando su prueba de manejo de automóvil, tuvo problemas en escoger el cambio correcto para iniciar la marcha en una subida. La mujer que le estaba tomando la prueba le dijo: «No te preocupes, cariño, todos los cambios están en la misma caja, tan solo hay que seleccionar el adecuado». Cuando nuestra amiga nos contó esta historia, pensamos que ello se parecía a lo que Pablo había dicho en Efesios 4. Nos tomamos la libertad de parafrasearlo: Todos pertenecemos al mismo Padre; todos hemos sido redimidos por un solo Señor, Jesucristo; un solo Espíritu ha venido a morar en todos. Y todos estamos en la misma caja». A la luz de esta realidad, «esfuércense por mantener la unidad del Espíritu mediante el vínculo de la paz» (Ef 4.3).

Esto produce un ambiente propicio para que podamos ser más como Cristo. Hemos visto que, en gran medida, esta clase de sabiduría y el impacto que causa en la comunidad dependen de *nuestras palabras*. Una congregación que goza de armonía y paz propicia una atmósfera en la que los creyentes crecen y llegan a ser lo que Dios quiere que sean.

¿Cómo podemos obedecer la exhortación de Pablo cuando nos dice que nos esforcemos «por mantener la unidad del Espíritu mediante el vínculo de la paz» (Ef 4.3)? ¿De qué maneras podemos esforzarnos para promover la paz en nuestra iglesia, comunidad o en nuestras relaciones y los centros laborales?

Según los retos que hemos leído respecto de nuestras palabras y la sabiduría, ¿crees que es inalcanzable lo que dice este capítulo? Ahora nos queda una sección final que debemos estudiar.

4. La verdadera sabiduría es un don de Dios (3.17)

A lo largo de esta guía de estudio, es importante que tomemos seriamente todas las frases de aliento que aparecen en las palabras de Santiago. «La sabiduría que desciende del cielo», nos dice en 3.17. La exhortación en 4.2 también nos insinúa una solución positiva: «No tienen, porque no piden [a Dios]». Tal como vimos en Santiago 1.5: «Si a alguno de ustedes le falta sabiduría, pídasela a Dios, y él se la dará, pues Dios da a todos generosamente sin menospreciar a nadie».

Hay una sabiduría que proviene de Dios y nos llega por medio de la oración. Se trata de una sabiduría que día a día nos irá cambiando el corazón, la mente y la conducta, mientras procuramos la ayuda del Señor. Él nos la dará, no nos la negará y lo hará sin necesidad de reprendernos, sino con ansias de proveer a todas nuestras necesidades para que podamos vivir esta vida. Así es como Pablo oraba por los colosenses: «… no hemos dejado de orar por ustedes. Pedimos que Dios les haga conocer plenamente su voluntad con toda sabiduría y comprensión espiritual» (Col 1.9).

Debemos con urgencia buscar la ayuda del Señor y Él nos ayudará de distintas maneras. Sucederá *por medio de su Palabra,* la cual es lámpara a nuestros pies y lumbrera a nuestro camino. Sucederá *por medio de su Espíritu,* que produce una magnífica cosecha de justicia, que es el fruto por el cual debemos orar todo el tiempo. Pablo también nos dice que podemos ser transformados por medio de la renovación de *nuestra mente.* No se trata tan solo de obedecer reglas, sino que nuestros corazones y nuestras mentes van siendo transformados por medio de la ayuda que el Señor nos brinda para que desarrollemos nuevos hábitos y vivamos un nuevo estilo de vida. En Cristo podemos caminar por la senda del bienestar, de la vida íntegra y del gozo perdurable. Cristo cuida de nosotros no solo por medio de la Palabra de Dios y su Espíritu, sino también por la convivencia con el *pueblo de Dios.* No debemos menospreciar el importante papel que juega una iglesia local que sabe brindar apoyo y vive en armonía y paz. Como los versículos 17 y 18 nos han mostrado, una comunidad de esas características crea una atmósfera en la que los creyentes pueden crecer.

Para mayor investigación

«El fruto de la justicia se siembra en paz para los que hacen la paz» (3.18). Estudia otros pasajes que tienen relación con esta idea (Ga 6.9 y Heb 12.11) y luego intenta describir cómo se vería esta cosecha en el diario vivir.

Para reflexionar

Santiago ha logrado demostrar que las personas y las comunidades pueden llegar a manifestar un rango de atributos como los de Cristo. Reflexiona en torno a las siguientes palabras que Santiago usa e incorpóralas en tu oración a Dios para que te ayude a manifestar estos atributos cada vez más.

- Humilde
- Puro
- Que promueve la paz y es pacífico
- Bondadoso
- Dócil
- Imparcial
- Sincero

Repaso de la tercera parte: Santiago 3

Es todo un reto el llamado que Santiago 3 nos hace para que seamos consecuentes en lo que decimos y hacemos. Nos ha impactado el reto que estos versículos nos han dejado para vivir una vida íntegra, y nos han alentado a que recordemos los recursos que Dios nos ha dado: su Palabra, su Espíritu y su pueblo creyente. Ello nos dará el poder de cambiar. Pero también hay otra respuesta para nuestra búsqueda por las palabras correctas y la sabiduría que proviene del cielo. Hemos descubierto que la sabiduría está personificada en *Jesucristo*. Debemos acudir a Él, como Pablo escribió en Colosenses 2.2–3, «para que sean consolados sus corazones, unidos en amor, hasta alcanzar todas las riquezas de pleno entendimiento, a fin de conocer el misterio de Dios el Padre, y de Cristo, en quien están escondidos todos los tesoros de la sabiduría y del conocimiento».

Cuarta parte

Los corazones que obedecen a Dios

Santiago 4.1–5.6

Los corazones
que obedecen a Dios

Introducción a la cuarta parte

Cuando era niño se me advirtió de los tres personajes que aspiraban a ser discípulos: *el señor Cuenta segundos, don Tibio y el tío Tiratoalla.*[31] Suena cursi, lo sé, pero detrás de esta broma se halla un asunto muy serio. Se ha dicho con claridad que muchos cristianos son poco entusiastas porque son inconstantes. Este asunto es el que Santiago quiere recalcar a lo largo de su epístola. Jesús dijo que esta clase de inconsistencia e inconstancia es imposible de vivirla. «Nadie puede servir a dos señores, pues menospreciará a uno y amará al otro, o querrá mucho a uno y despreciará al otro. No se puede servir a la vez a Dios y a las riquezas» (Mt 6.24). No se puede luchar a favor de dos grupos opuestos. No se puede amar a Dios y, al mismo tiempo, al mundo, que es contrario a Dios.

---

[31] Nota del traductor: en el original, el autor recurre a un juego de palabras en lengua inglesa que, obviamente, no es posible traducir de manera directa y, por ello, he recurrido a una adaptación *ad hoc*. La cita original usa estos tres personajes ficticios: *Mark Time, Luke Warm, and Peter Out.* Se trata de un juego de palabras homófonas en inglés con los nombres de tres discípulos (Marcos, Lucas y Pedro), pero cuyo significado manifiesta atributos negativos. Por ejemplo, *Mark Time* contiene el nombre propio *Mark,* pero también es una frase verbal cuyo significado gira en torno a la idea de estar al tanto del tiempo por razón de ocio. *Luke Warm* es fácil de descifrar porque, aunque *Luke* es un nombre común (y también del apóstol), juntos se convierten en *lukewarm,* es decir, tibio. *Peter Out* también es fácil de descifrar porque juntos se convierten en el verbo *peter-out,* es decir, alguien que se va desvaneciendo, que se rinde fácilmente, que tira la toalla.

Santiago ya nos ha enseñado en el capítulo 1 que cualquiera que trate de hacer esto «es indeciso e inconstante en todo lo que hace» (1.8), y aquí en el capítulo 4 vuelve a tratar este asunto. «Acérquense a Dios, y él se acercará a ustedes. ¡Pecadores, límpiense las manos! ¡Ustedes los inconstantes, purifiquen su corazón!» (4.8). Ya hemos visto que Dios no tolera la inconstancia y a los que fingen religiosidad.

Santiago nos ha exhortado a que guardemos distancia del mundo. Con ello se refiere a aquel sistema que excluye a Dios, aquel estilo de vida que funciona sin Él.

En el capítulo inicial nos exhortó a que evitemos la contaminación del mundo (1.27). ¿Qué es lo que quiere decir? Aquí en el capítulo 4, Santiago nos muestra los dos caminos que tenemos como opción en la vida. En la sección anterior vimos los dos caminos de la sabiduría, la falsa y la verdadera, la inconstancia y la constancia. En este capítulo 4 se trata de una sencilla división entre el orgullo y la humildad, entre llevar una amistad con el mundo o ser amigos de Dios. Nos manifiesta su propósito de una manera muy clara: debemos *resistir al diablo y acercarnos a Dios*.

Santiago nos rogará que venzamos la inconstancia y que con todo nuestro corazón dediquemos nuestras vidas a Dios. De esto se trata el tema de la cuarta parte de esta guía de estudio: *Los corazones que obedecen a Dios*. Analizaremos las dos opciones respecto a vivir en amistad con el mundo o vivir como amigos de Dios.

Capítulo 9

Amistad
con el mundo

Objetivo: Desenmascarar la necedad de vivir la vida según nuestras propias condiciones.

Tema:
Los cristianos se enfrentan constantemente a la infiltración de valores del mundo y son tentados a vivir separados de Dios. Sucumbir a ello es jugar con fuego.

Leer: Santiago 4.1–6; 4.11–5.6

Versículo clave: Santiago 4.4

Bosquejo:
1. Coqueteamos con el mundo (4.1–5)
2. Creemos que estamos en control (4.11–17)
3. Creemos que lo único que vale la pena es este mundo (5.1–6)

Hace unos años, Howard Snyder dijo que la influencia del mundo era la mayor amenaza que enfrentaba la iglesia en la actualidad. «En otros tiempos, la iglesia sufrió de ortodoxias muertas, herejías emergentes, escapes del mundo y otros malestares. Pero la dolorosa verdad respecto al presente es que la iglesia es culpable de haberse acostumbrado terriblemente al mundo».[32]

No es nada extraño para nosotros los cristianos que queramos tener un pie en ambos lados. Nos agrada estar en el reino de Dios, pero a veces añoramos retornar a aquel mundo de donde fuimos rescatados. ¿Cuáles son las características de vivir así? Resaltaremos tres de ellas.

1. Coqueteamos con el mundo (4.1–5)

Lo que queremos decir con el término «mundo» o con la idea de «lo mundano» es abrazar los valores, los objetivos y el estilo de vida que provienen del mundo y que rechaza a Dios. Los primeros versículos de este capítulo lo afirman con claridad. Tal como vimos en el capítulo 3, Santiago se dirige a los cristianos que tenían más interés en sus deseos egoístas y en su satisfacción personal que en agradar a Dios de todo corazón. «Desean algo y no lo consiguen. Matan y sienten envidia, y no pueden obtener lo que quieren. Riñen y se hacen la guerra. No tienen, porque no piden» (4.2).

Se trata del principio subyacente de este mundo. Ocuparse de uno mismo. Darle prioridad a lo más importante, es decir, a uno mismo. Vengarse de otros antes de que ellos se venguen de ti. Tal como habíamos visto en la sección anterior, esta manera de actuar causa estragos en la comunidad cristiana. Incluso cuando ruegan a Dios «no reciben porque piden con malas intenciones, para satisfacer sus propias pasiones» (v. 3). Los cristianos a los que Santiago se dirige participan en la iglesia solo para lograr algún beneficio personal. La visión que ellos tienen de Dios se ha reducido a una especie de dios que está para satisfacer sus deseos personales. Se trata de algo absolutamente contrario a «hágase tu voluntad».

Con su típico estilo directo, Santiago se dirige a ellos sin rodeos. «¡Oh gente adúltera! ¿No saben que la amistad con el mundo es enemistad con Dios? Si alguien quiere ser amigo del mundo se vuelve enemigo de Dios» (4.4). Algunas traducciones intentan suavizar el

---

[32] Howard Snyder, en el preámbulo a John White, *Flirting with the World* (Londres: Hodder & Stoughton, 1982), 9.

golpe traduciendo la primera frase como «¡Gente infiel!» (BLP), pero la idea es clara. De hecho, sus lectores judíos habrían entendido muy bien lo que leían, porque conocían esa terminología del Antiguo Testamento. Dios describe a su pueblo como su novia. Los profetas tampoco tenían pelos en la lengua cuando se referían a la infidelidad y el adulterio espiritual del pueblo de Dios, que tantísimas veces lo traicionó.

Entonces, de forma inmediata Santiago organiza una obvia contradicción. Es imposible decir que uno goza de la amistad de Dios mientras que al mismo tiempo nuestro corazón ya ha establecido una amistad con el mundo. De hecho, de ello se trata la esencia de la Epístola de Santiago; en esto consiste el gran tema que desarrolla.

A la mayoría de la gente le gusta ver fotografías de bodas, especialmente a nuestros hijos, que se mofan de los peinados de la década de 1970 y aquellos pantalones acampanados (escribo esto con nostalgia). Pero Santiago nos invita a que observemos aquella pareja feliz unos años después. Ruega a sus lectores que encaren la realidad: es cierto que están con Dios, pero no hay fidelidad. Coquetean con el mundo. Tal como dice el versículo 4, aquella amistad con el mundo es enemistad con Dios. «Si alguien quiere ser amigo del mundo, se vuelve enemigo de Dios».

La dureza de la frase que Santiago usa es sencillamente un reflejo respecto a cuán seria es la situación. En esto consistió el mismísimo propósito de la muerte de Cristo en la cruz, «porque si, cuando éramos enemigos de Dios, fuimos reconciliados con él mediante la muerte de su Hijo [...]» (Ro 5.10). Por tanto, cada vez que nos comportemos de una manera infiel, cada vez que coqueteemos con el mundo, habremos rechazado el sacrificio de Cristo.

Si bien es imposible que evitemos vivir en un ambiente donde los valores del mundo son predominantes, Santiago describe a los cristianos que de manera deliberada han elegido el camino del mundo y lo demuestran por medio de sus egoístas vidas. No nos queda muy claro cómo debemos interpretar el versículo 5; una posibilidad sería que aquello entristece a Dios porque celosamente anhela que volvamos a Él. Entonces, esta es la primera característica: coqueteamos con el mundo.

> Discute en grupo sobre aquellos asuntos en nuestras vidas que fácilmente se podrían volver en un coqueteo con el mundo. ¿Cómo podemos protegernos de esas situaciones?

2. Creemos
que estamos en control (4.11–17)

No hace mucho la cadena internacional de comida rápida, Burger King, lanzó una campaña de anuncios con el lema: «Haz lo que quieras». Elige lo que quieras porque el consumidor tiene el control. Esto expresa con precisión y claridad la actitud de nuestros tiempos. La persona que entabla amistad con el mundo cae convencida de que tiene el control. Santiago nos demuestra que la arrogante presunción de aquellas personas se manifiesta de muchas maneras.

En primer lugar, *hablan mal de los demás*. «Hermanos, no hablen mal unos de otros. Si alguien habla mal de su hermano, o lo juzga, habla mal de la ley y la juzga. Y, si juzgas la ley, ya no eres cumplidor de la ley, sino su juez. No hay más que un solo legislador y juez, aquel que puede salvar y destruir. Tú, en cambio, ¿quién eres para juzgar a tu prójimo?» (vv. 11–12). Hemos vuelto al tema del poder destructivo de la lengua. Santiago describe a aquella persona que le agrada hablar mal de su prójimo, lo rebaja, lo calumnia y lo juzga. Hacer esto es creerse superior a la ley e imaginarse que uno es el juez de su prójimo constituye otra manifestación de nuestro egoísmo. Santiago afirma que dicha persona recibirá una tremenda sorpresa, pues tarde o temprano descubrirá que hay tan solo un Juez, el propio Dios: «No hay más que un solo legislador y juez, aquel que puede salvar y destruir. Tú, en cambio, ¿quién eres para juzgar a tu prójimo?» (v. 12).

Comportarme como si yo fuera el juez es despreciar la autoridad de Dios, y cuando juzgo o condeno a mis hermanos cristianos, usurpo el puesto de Dios. Una vez más, me he colocado al centro de todo. Se trata de otro ejemplo del orgullo. Soy superior a los demás; tengo el derecho de criticar y juzgar a los demás. Lo debo decir con tristeza en mi corazón, se trata de una actitud común en la comunidad de creyentes. En contraste, Richard Bewes nos cuenta la historia de George Beverley Shea, quien formó parte de las cruzadas de Billy Graham. En una entrevista que le hicieron, dijo que su madre jamás habló mal de nadie y luego contó una historia de su niñez. Contó que un día su hermana Lois dijo lo siguiente: «Sabemos que a mamá no le gusta hablar mal de nadie. Así que, uno de estos días la voy a atrapar con las manos en la masa. Lo haré esta noche en la cena. Espera y ya verás». Esa noche en la mesa de comer, Lois le dijo a su madre: «Mamá, ¿qué piensas del diablo?». La madre se quedó pensativa por un momento y luego le respondió: «Admiro su persistencia».

No solo juzgamos a los demás, sino que una segunda característica de aquel que cree tener el control de la situación es que *presume* de ello. La persona que ama al mundo cree también que tiene el control de su propio destino. Los versículos 13–17 se cumplen también en la actualidad, ¿no es así? «Ahora escuchen esto, ustedes que dicen: "Hoy o mañana iremos a tal o cual ciudad, pasaremos allí un año, haremos negocios y ganaremos dinero"» (v. 13). Santiago describe el espíritu de autonomía secular, que se comporta como si controlara el futuro. Recurre a imágenes descriptivas que sus lectores pueden reconocer de inmediato.

Los judíos eran los grandes comerciantes del mundo antiguo. A menudo se les otorgaba ciudadanía gratuita en las ciudades emergentes, porque el dinero y el comercio siempre iban de la mano. Por ello, Santiago describe a un comerciante sentado a la mesa con un mapa en la mano y, si me permiten parafrasear, diciendo lo siguiente: «En esta ciudad podremos establecer un gran centro de ventas. Lo ubicaré en la calle principal, negociaré por un año, haré dinero fácil y regresaré hecho todo un rico». Pero todo ello es solo jactarse de fanfarronerías, dice Santiago en el versículo 16. Esta persona se jacta de tener el control de la vida, del tiempo y del futuro. Es culpable de ser presumido y de pretender que lo que *él decide* es lo que *sucederá*; piensa que Él elige y que su vida está en sus manos.

Digamos que es demasiado obvio: las personas que así piensan están engañadas. Ni siquiera están plenamente conscientes de su ignorancia. «¡Y eso que ni siquiera saben qué sucederá mañana! ¿Qué es su vida? Ustedes son como la niebla, que aparece por un momento y luego se desvanece» (vv. 14–15). Desconocen lo que sucederá con su vida mañana o incluso si estarán con vida esta noche.

La vida es otro de los asuntos en el que queremos tener el control. Por ejemplo, ha habido muchos intentos por prolongar la vida. He estado leyendo respecto a ello en el libro de Bryan Appleyard, *How to Live Forever or Die Trying*.[33] ¿Recuerdas la historia del rico insensato en Lucas 12? Construyó grandes graneros, los abarrotó de granos y se dijo a sí mismo: «"Alma mía, ya tienes bastantes cosas buenas guardadas para muchos años. Descansa, come, bebe y goza de la vida". Pero Dios le dijo: "¡Necio! Esta misma noche te van a reclamar la vida. ¿Y quién se quedará con lo que has acumulado?"» (Lc 12.19–20).

La vida no es tan segura como uno se la imagina. Es en realidad transitoria. Santiago ya lo había dicho en el capítulo 1. Los ricos son como una planta que se marchita bajo el sol. «El rico pasará como la flor del campo» (1.11). Si deseas ser una persona decidida, entrégate a Dios y entonces no habrá lugar para aquella presumida autoconfianza. Sin embargo, sabemos que aquello es muy común en este mundo moderno. Es probable que hoy haya menos confianza en nuestra capacidad de dominar el mundo, la economía o el déficit nacional, aunque para muchos las ideas que Santiago expone logran resumir lo que son muchas personas: soy autosuficiente; soy lo que hago; lo que es mío me representa; tengo el control de mi propio destino; no necesito a Dios.

Repetimos, todo esto también les acontece a los cristianos. Nuestros corazones se desvían hacia los valores del mundo. Por ejemplo, hace muchos años me fui de viaje en automóvil acompañado por un cristiano que se acababa de graduar de economista. Le pregunté qué quería hacer con su vida. Su respuesta duró todo el resto del viaje. Lo tenía todo claramente delineado. Pensaba trabajar para un gran banco y que sus planes lo llevarían a los puestos más altos de la organización. Estaba obsesionado con lo que en la actualidad se conoce como «un excesivo ego por hacer carrera». No dudo en lo absoluto que necesitamos con urgencia cristianos que trabajen en el mundo de la banca; pero la ambición por ser lo mejor de lo mejor no debería ser

---

[33] Bryan Appleyard, *How to Live Forever or Die Trying* (Londres: Pocket Books, 2007).

impulsada por el anticipo de ganancias materiales, ni por planes de hacer carrera sin incluir ni a Dios ni a nadie, sino por nuestro deseo de vivir con todo nuestro corazón para el reino de Dios, para servir al Señor Jesucristo, nuestro Salvador y Juez.

En el otro extremo de la vida están aquellos cristianos que tienen bien trazado sus planes de jubilación, sus seguros de salud y pensión, pero prácticamente ignoran el servicio al prójimo y la causa de Cristo. Creer que todo está bajo nuestro control puede fácilmente producir un efecto contrario. Por ello, Santiago nos recomienda decir: «Si el Señor quiere, viviremos y haremos esto o aquello» (v. 15). No se trata de una frase trillada (como la expresión «primero Dios», que significa «quizá»). Más bien, es afirmar conscientemente que viviremos nuestras vidas según la voluntad y el propósito de Dios, que permitiremos que sus valores den forma a nuestros pensamientos. Es decidirnos a andar por el camino de la sabiduría, tal como hemos estado estudiando. Según lo describió William Barclay hace muchos años, «la incertidumbre de la vida no es causa para temer o dejar de actuar. Es la razón por la que nos damos cuenta de nuestra total dependencia de Dios».[34]

¿De qué manera vivimos en realidad nuestras vidas como si tuviésemos el control de ellas?

¿Cómo podemos asumir una responsabilidad adecuada respecto a nuestras vidas sin tener que desviarnos hacia el espíritu de la autonomía secular de la que Santiago nos advierte?

¿Cuál piensas que es el verdadero significado de expresiones como «primero Dios» o «si Dios quiere»?

Coqueteamos con el mundo; creemos que tenemos el control y somos amigos del mundo.

---

[34] William Barclay, *The Daily Study Bible: The Letters of James and Peter* (Edimburgo: St Andrew Press, 1976), 113, 114.

3. Creemos que lo único que vale la pena es este mundo (5.1–6)

> Ahora escuchen, ustedes los ricos: ¡lloren a gritos por las calamidades que se les vienen encima! (*5.1*)

Hay un ejemplo más de aquella persona que ama este mundo y que es enemiga de Dios. Es aquella en la que el dinero no solo ocupa un lugar primordial, sino que ha tomado el control total de su vida. No solo ha acumulado riquezas con fines egoístas, también se ha comportado injustamente con el prójimo. Es una descripción devastadora. De hecho, Philip Jenkins nos recuerda que la Epístola de Santiago tiene mayor impacto en sociedades donde sus gobernantes mantienen una vigilancia muy cercana sobre documentos supuestamente sediciosos. La teóloga mexicana Elsa Támez escribe al respecto lo siguiente: «Si la Epístola de Santiago se hubiera enviado a las comunidades cristianas de ciertos países que sufren de violencia y explotación, es muy probable que hubiese sido interceptada por los organismos de seguridad del gobierno».[35]

Santiago retumba como un profeta: «Oigan cómo clama contra ustedes el salario no pagado a los obreros que les trabajaron sus campos. El clamor de esos trabajadores ha llegado a oídos del Señor Todopoderoso. Ustedes han llevado en este mundo una vida de lujo y de placer desenfrenado. Lo que han hecho es engordar para el día de la matanza» (5.4–5).

Aquellos que confían en las riquezas están tan equivocados como los que creen tener el control de sus vidas y destinos. La vida es pasajera, nos ha dicho Santiago en 4.14, y también lo son las riquezas. «Se ha podrido su riqueza, y sus ropas están comidas por la polilla» (5.2). El mundo occidental ha descubierto en años recientes que las inversiones monetarias no son tan seguras como pensaban: la confianza depositada en sus pensiones de jubilación o en los «valores» del mercado no han funcionado de la manera esperada. Permítanme parafrasear el versículo 5: Santiago básicamente les ruega que «no se dejen embaucar»; «al final, todo esto desaparecerá». Te recalca que no se trata solamente de

---

[35] Citado en Philip Jenkins, *The New Faces of Christianity* (Oxford: Oxford University Press, 2006), 133.

ropas lujosas, dinero e inversiones. «También se trata de ti. No des por sentado que Dios no ha escuchado los lamentos de aquellos que has explotado. Eres como un lechón que ha estado engordándose para la Navidad. ¡Ahora es tu turno!».

Podemos deducir del contexto que a Santiago no le preocupan las riquezas en sí, sino el uso que se les da. La persona que establece una amistad con el mundo cree que lo único que vale la pena es esto: los beneficios personales, el lujo, los excesos, estafar al prójimo, explotar a los trabajadores; en realidad no le importa a quién pisotea, siempre y cuando sigan aumentando sus riquezas. Se trata del deseo imparable por tener cada vez más. Nuevamente, esto suena muy familiar a nuestros tiempos modernos, y antes de que demos por sentado que solo describe a otras personas, debemos pensar en las consecuencias que tiene para nosotros.

En primer lugar, ¿no es acaso común que los ricos hayan obtenido sus riquezas por haber explotado a los pobres? Las naciones que son ricas lo han logrado porque, de cierta manera, han explotado a otras. Y Dios *lo sabe*. El Señor Todopoderoso ha oído el clamor de los pobres (5.4). Es algo digno de elogio que muchas organizaciones se esfuercen por cambiar esto, y de forma concreta nos hacen estar más conscientes de la justicia y el comercio equitativo. Robert Wall, comentarista que escribe para las iglesias de América del Norte pero que en realidad todos deberían escucharlo, nos dice al respecto: «Si tomamos en serio y al pie de la letra el estilo de vida religiosa que Santiago auspicia [...] una gran parte de la iglesia en América del Norte se sentiría bastante fastidiada debido a la facilidad con la que ha logrado adaptarse a la movilidad ascendente de la democracia liberal y, al mismo tiempo, intentar obedecer la movilidad descendente de su Señor».[36]

- -

¿De qué maneras prácticas podemos responder frente al hecho de que los países de Occidente se han enriquecido por medio de los pobres?

- -

---

[36] Citado en Blomberg y Karnell, *James*, 233.

En segundo lugar, aunque quizá no seamos culpables de los excesos egoístas y las injusticias que hemos visto en este capítulo, sabemos cuán fácil es contaminarse con los valores del mundo. Clive Hamilton, en su libro *Affluenza*,[37] cita un pensamiento: «En países ricos el día de hoy, el consumo consiste en que la gente gasta dinero que no tiene, en productos que no necesita, para impresionar a otra gente que no es de su agrado».[38] En una ocasión, John White escribió respecto a los anuncios de la tele, con sus constantes y sutiles llamados a que compremos más: «Use papel higiénico color rosado y será más feliz. Compre este coche deportivo y logrará atraer a chicas bonitas. Invierta en bienes y raíces y logrará seguridad financiera. Perfúmese bien y duerma bien. El sexo le dará satisfacción. Logre buenos puntajes y las corporaciones estarán encantados consigo. El dinero no lo es todo, pero...».

Se trata de una manera de alimentarnos por el método del goteo; es un método insidioso y artero, cuya influencia nos corrompe. Se le hace tan fácil infiltrarse en nuestros valores y normas. Por ello, necesitamos prestar atención a las advertencias en contra de aquellos que aman el mundo. Que no se te ocurra pensar que este mundo es todo lo que hay. No permitas que te intoxiquen las riquezas, las posesiones materiales o el nivel socioeconómico. Es un callejón sin salida, dice Santiago.

¿Cómo podemos aprender a no dar importancia a las riquezas y las posesiones materiales?

Lee 1 Timoteo 6.17–19. ¿Cómo podemos alcanzar un balance entre nuestra capacidad de evitar poner nuestra confianza en las riquezas y nuestro derecho a disfrutar de todo lo que Dios nos ha provisto en abundancia? ¿Qué evita que seamos generosos según el versículo 18, y cómo podemos vencer ello?

---

[37] Nota del traductor: el término inglés *Affluenza* es una palabra inventada, pero con un propósito muy mordaz. Es la fusión de dos términos: *Influenza* y *affluency*. *Influenza* es el término formal de la mal llamada gripe española; *affluency* significa opulencia. Entonces, *Affluency* es la enfermedad infecciosa de la opulencia.

[38] Clive Hamilton y Richard Denniss, *Affluenza* (Crows Nest NSW, Australia: Allen & Unwin, 2005), 19.

Esta es la descripción de Santiago: es un desastre vivir separado de Dios; coqueteamos con el mundo y por ello traicionamos a Cristo, que murió por nosotros; pensamos que tenemos el control de nuestras vidas, pero en realidad no logramos vivir con gozo según la voluntad y el propósito del Señor; y creemos que todo lo que existe es este mundo, por lo cual caemos en el juicio de Dios.

Para mayor investigación

Dedica tiempo para leer los siguientes pasajes que afirman que un día Dios revertirá el destino de los pobres y oprimidos, tal como ha predicho Santiago 5.1–11.

Éxodo 2.23; 22.21–24; Isaías 10.1–3; 11.1–4; Jeremías 2.31–37; Ezequiel 22.27–31; Amós 5.1–27; Zacarías 7.8–14; Mateo 25.31–46; Apocalipsis 18.19–24.

- ¿Qué nos enseña este énfasis en toda la Biblia respecto a nuestras actitudes hacia las riquezas y la pobreza?
- Hemos visto que Santiago nos advierte que no debemos juzgar al prójimo (4.11–12). Pero observa Mateo 7.1 y luego Mateo 7.5–6: ¿cuándo es correcto que no juzguemos al prójimo y cuándo debemos juzgar a los demás? Lee los siguientes pasajes y trata de aclarar las diferencias: Mateo 7.15, 20; Lucas 12.37; Hechos 15.19; Romanos 16.17; 1 Corintios 6.5; Filipenses 3.2.

Para reflexionar

Este capítulo ha resaltado varias de las influencias sutiles de nuestro mundo, las cuales pueden fácilmente infiltrarse en nuestras vidas y contaminarlas. Las formas que toman estas influencias, no serán las mismas para todos. Repasa cada una de las secciones de este capítulo y ruega a Dios que te ayude a vencer la atracción de este mundo.

Capítulo 10

Vivir como amigos de Dios

Objetivo: Descubrir la clave para una vida genuina.

Tema
Esta es la parte central de la epístola y ofrece el aliento que necesitamos para vivir con una entrega total a Dios y a sus propósitos.

Leer: Santiago 4.6–10

Versículo clave: Santiago 4.6

Bosquejo:
1. Confiar en la gracia de Dios (4.6)
2. Someterse a Dios (4.7)
3. Resistir al diablo (4.7)
4. Acercarse a Dios (4.8)
5. Vivir según los mandamientos de Dios (4.8–10)

Ahora nos encontramos a la mitad del capítulo, la cual es probablemente la parte central de toda la epístola. Es aquí donde Santiago nos revela el significado de ser amigos de Dios en vez de ser amigos del mundo, es decir, tener un corazón que vive para Dios de una manera obediente. De hecho, descubriremos una serie de diez imperativos.

Este pasaje bíblico se me vino a la mente cuando leía el discurso de Barack Obama en torno al presupuesto federal, tal como había sido transcrito en la revista *Times*: «… una sinfonía cuyos instrumentos de percusión contienen una serie de enunciados sencillos que verbalizan la sensación de mandato». De ello se trata el estilo de Santiago. Y así lo expresa:

> Pero él nos da mayor ayuda con su gracia. Por eso dice la Escritura: «Dios se opone a los orgullosos, pero da gracia a los humildes». Así que sométanse a Dios. Resistan al Diablo, y él huirá de ustedes. Acérquense a Dios, y él se acercará a ustedes. ¡Pecadores, límpiense las manos! ¡Ustedes los inconstantes, purifiquen su corazón! Reconozcan sus miserias, lloren y laméntense. Que su risa se convierta en llanto, y su alegría en tristeza. Humíllense delante del Señor, y él los exaltará. (*4.6–10*)

Santiago cita a Proverbios 3.34, lo cual da forma a esta sección, ya que empieza y termina con el mismo tema, como si fuera un sujetalibros. «Así que sométanse a Dios. Resistan al diablo, y él huirá de ustedes» (4.7) y «Humíllense delante del Señor, y él los exaltará» (4.10). Así que, debemos sentirnos animados por las palabras de aliento que Santiago nos da respecto a la manera en que debemos vivir nuestra amistad con Dios. A continuación, ofrecemos los cinco puntos:

1. Confiar en la gracia de Dios (4.6)

Leer toda la Epístola de Santiago toma tan solo diez minutos; pero, si tomas en serio su contenido, tardarás mucho más tiempo, porque te detendrás para preguntarte *¿cómo podré poner en práctica esto?*

El gran reto de esta epístola se encuentra en su exhortación a poner en práctica su contenido. Debemos evitar que la Palabra de Dios sufra una muerte lenta al buscar un sinfín de excusas contra sus preceptos.[39]

---

[39] Nota del traductor: en el original aparece una expresión inglesa que requiere una adaptación y explicación: *we mustn't allow the word of God to die the death of a thousand qualifications.* Una manera de explicar esta expresión es que los enunciados religiosos o, en nuestro caso, las exhortaciones de la Biblia se dan contra el muro de nuestros propios prejuicios e ideas preconcebidas, y racionalizamos sus mandamientos

Es imposible que ignoremos el ímpetu de sus exhortaciones para que cambiemos tan solo diciendo que «es la obra de Dios, no la mía». Pero tampoco nos son útiles las enseñanzas moralistas, es decir, aquellas que tan solo nos ruegan que cambiemos, pero que no nos muestran cómo es posible el cambio en términos prácticos.

Santiago no hace aquello. En toda su epístola nos muestra los recursos que nos han sido dados. Vale la pena a estas alturas resumir lo que hemos venido estudiando hasta este momento.

- En el capítulo 1, *la Palabra* ha sido sembrada en nosotros.
- En el capítulo 2, la ley nos da *libertad*.
- En el capítulo 3, *la sabiduría de Dios* nos ha sido dada libre y generosamente.
- En el capítulo 4, la frase central de la epístola es «pero él nos da mayor ayuda con su gracia».

¿Cómo podré resistir al diablo? ¿Cómo podré contrarrestar la fuerza de atracción del mundo? ¿Cómo podré andar con determinación en el camino de la sabiduría? «Pero él nos da mayor ayuda con su gracia» (4.6). Es muy importante que recordemos dónde está ubicado este versículo; aparece después de las vehementes palabras del versículo 4: «¡Oh gente adúltera!». A pesar de nuestra infidelidad, Santiago sigue afirmando: «Pero él nos da mayor ayuda con su gracia». No ha bajado la guardia. Sigue siendo tan directo como siempre y vuelve a enfatizar: la gracia de Dios está disponible para aquellos que se acercan a Él humildes y arrepentidos. «Dios se opone a los orgullosos, pero da gracia a los humildes» (4.6).

Una vez más, nos vuelve a resumir la imagen de los dos corazones, con la que empezó su epístola. Al arrogante, autónomo, autosuficiente,

---

con un sinfín de excusas porque sencillamente la Biblia contradice lo que ya creemos de antemano. Un ejemplo muy obvio pero que para el ciudadano estadounidense promedio (incluyendo los creyentes evangélicos) le es prácticamente imposible de procesar mentalmente, se relaciona con el asunto de las riquezas y el papel que juegan en la vida cristiana. El autor ya ha mencionado esta situación en el capítulo anterior. La economía capitalista de libre mercado (ya sea de los EE. UU., de la China o de cualquier otro país «capitalista») se estrella contra el muro de la enseñanza bíblica y el evangelio de Jesucristo. Sin embargo, denunciar esta ideología capitalista, con su desenfrenado afán por el lucro y el amor a este mundo, sonaría a «chino» para al evangélico promedio.

al que es amigo del mundo, le dice: tendrás a Dios en contra de ti y en última instancia enfrentarás su juicio. Esas son las consecuencias de haber rechazado la voluntad de Dios. Pero el que es humilde, el que sabe que necesita de Dios, recibirá su gracia cuando pase por necesidades. Todo ello se conecta con la enigmática frase del versículo 5, la cual quizá manifiesta el intenso deseo que Dios tiene para que alcancemos el bienestar, la obediencia y bendición plena. Él nos otorga su gracia para que podamos cumplir sus mandamientos.

Cuando trabajaba en las oficinas de una organización cristiana, una de mis colegas tocaba un instrumento de viento en una orquesta local. Una mañana pasó por mi despacho para contarme que debían practicar un arreglo del himno *Sublime gracia*, pero que el director no le dio ninguna copia de las partituras porque se le habían acabado. «Lo siento —le dijo— ya no nos queda nada de «Sublime gracia». Sin embargo, me dijo que se sentía tan feliz de saber que el Señor jamás le diría que no queda nada de su sublime gracia.

Quizá muchas veces sintamos que le hemos fallado a Dios. ¿Cómo podremos pedirle que nos perdone? O tal vez sintamos que nos hemos entregado a la perdición, como aquel hijo pródigo que se marchó a una tierra muy lejana, o que el mundo ha logrado carcomer nuestro corazón y ahora es imposible sanarlo; pero la gracia de Dios es suficiente. Jamás se acabará. Lo que Santiago dijo, San Agustín lo resumió con una frase que deberíamos tener presente cuando leamos y llevemos a la práctica toda la epístola: «Dame lo que me mandas y mándame lo que quieras».[40]

⋯⋯⋯⋯⋯⋯⋯⋯⋯⋯⋯⋯⋯⋯⋯⋯⋯⋯⋯⋯⋯⋯⋯⋯⋯⋯

¿De qué manera crees que esta frase: «Dios nos da mayor ayuda con su gracia» nos alienta a seguir adelante? Por otro lado, ¿crees que esta frase podría causar que nos relajemos? ¿Será cierto que le baja la intensidad a la exhortación de Santiago para que obedezcamos a Dios de todo corazón?

⋯⋯⋯⋯⋯⋯⋯⋯⋯⋯⋯⋯⋯⋯⋯⋯⋯⋯⋯⋯⋯⋯⋯⋯⋯⋯

---

[40] Nota del traductor: La cita original de San Agustín se halla en sus *Confesiones*, Libro X, capítulo XXIX: *da quod iubes et iube quod vis.*

2. Someterse a Dios (4.7)

La exhortación del versículo 4.2 consiste en vivir según la voluntad de Dios. Se trata de un llamado a una lealtad plena y sin titubeos. Es lo opuesto a lo que vimos en aquel que es amigo del mundo, que vive una vida llena de orgullo, autosuficiencia y egoísmo. Someterse a Dios significa comprometerse a obedecerle en todas las áreas de la vida, ceñirse a su verdad, su disciplina y su amor.

Recuerdo que una vez intenté ponerle el pijama a mi hija pequeña; uno de esos de una sola pieza. Fue toda una odisea tratar de meter los bracitos y las piernas porque ella se resistía y estiraba sus piernas y doblaba sus brazos… habría sido más fácil si ella hubiese cooperado conmigo. Someterse con humildad al Señor es fundamental para la vida cristiana. Habrá momentos en que uno reclame, como Job por sus sufrimientos, pero la solución no vendrá tan solo porque insistamos en que Dios responda todas nuestras interrogantes, sino porque con alegría nos sometemos a nuestro sabio y todopoderoso Dios, confiando en su amor por nosotros. «Yo sé bien que tú lo puedes todo, que no es posible frustrar ninguno de tus planes», es la conclusión a la que llegó Job (42.2).

Pedro alentó de la misma manera a todos los que pasaban por pruebas difíciles y dolorosas: «Humíllense, pues, bajo la poderosa mano de Dios, para que él los exalte a su debido tiempo. Depositen en él toda ansiedad, porque él cuida de ustedes» (1P 5.6–7).

«Sométanse a Dios»: ¿Cuáles aspectos de tu vida crees que necesitan un mayor sometimiento al Señor? Si te es posible discutir ello en el grupo, aprovecha para que oren los unos por los otros.

3. Resistir al diablo (4.7)

«Resistan al diablo, y él huirá de ustedes» (4.7). No debe sorprendernos que Santiago mencione al diablo cada vez que escribe acerca de los amoríos que los cristianos tienen con el mundo. El diablo nos susurra constantemente al oído, diciéndonos que es el príncipe de este mundo y que nos puede dar todo lo que queramos. Sus ataques son feroces y sus promesas son mentiras. Martyn Lloyd-Jones dijo una vez que estaba convencido de que una de las causas principales del estado calamitoso de la iglesia era que esta se había olvidado de la existencia del diablo. En ciertos círculos, es cierto que los temas de conversación en torno a los principados y potestades, de Satanás y los espíritus malignos causan sorpresa e incluso entretenimiento a los cristianos. Lo consideran una especie de superstición anticuada, residuos de creencias míticas que pertenecen a una visión del mundo que ya ha pasado de moda.

Sin embargo, muchos no cristianos y también cristianos conocen muy bien la realidad del mal y los poderes malignos. Sabemos, a partir de Colosenses, que el ministerio de Jesús consistió en liberar a la gente del poder de Satanás y su reino de maldad. Aquí en el versículo 7 la exhortación a que resistamos al diablo aparece inmediatamente después del llamado a que nos sometamos a Dios. En primer lugar, afirmamos que vivimos bajo su autoridad y que a Él le pertenecemos. Nos negamos a vivir bajo la autoridad del diablo, y declaramos nuestra plena lealtad a Jesucristo. Luego de ello, nos oponemos firmemente al maligno. Con base en la obra de Cristo y las promesas de Dios, Santiago nos dice que el diablo huirá de nosotros.

En la batalla que debes enfrentar contra el diablo, ¿de qué manera crees que te sirve de inspiración la actitud que Jesús tuvo frente al diablo en Lucas 4.1–13?

John Blanchard nos dice en su muy útil libro sobre Santiago que hay dos ángulos de vista que debemos desear tener: «la espalda de Satanás y el rostro de Dios».[41] Con ello, pasamos ahora a la cuarta señal de aliento que nos ofrece Santiago.

---

[41] John Blanchard, *Not Hearers Only* (Londres: Word Books, 1973), 73.

4. Acercarse a Dios (4.8)

Acérquense a Dios, y él se acercará a ustedes. (4.8)

Según su contexto, no se trata tanto de un llamado a adorar a Dios en el culto, sino de un llamado al arrepentimiento. Rememora la historia del hijo pródigo, que fue amigo del mundo, pero descubrió que todo era vanidad y entonces decidió regresar a casa. Su padre lo esperaba a la puerta. «Todavía estaba lejos cuando su padre lo vio y se compadeció de él; salió corriendo a su encuentro, lo abrazó y lo besó» (Lc 15.20). Santiago nos exhorta a que dejemos la oscuridad y nos acerquemos a la luz de la presencia de Dios. Sin embargo, hemos transitado por un largo camino y ahora tenemos que acercarnos a Él con la plena seguridad que da la fe (Heb 10.22).

Quizá alguna vez escuchaste la historia que cuenta un predicador acerca de un anciano sin hogar que vivía en la calle y solía visitar una iglesia con frecuencia. Se aparecía alrededor del mediodía; se sentaba en una de las bancas por unos minutos y luego se marchaba. Esta costumbre duró varios años. Un día, el pastor de la iglesia le preguntó al anciano por qué hacía esto cada día. Este le contestó: «Cuando llego, me siento por un momento y digo, "Jesús, soy Juan, aquí estoy". Luego, me levanto y me marcho». Con el tiempo, el anciano cayó enfermo y fue internado en un hospital. El pastor fue a visitarlo, pero desafortunadamente ya había fallecido. Le comentó a una de las enfermeras que él hubiera querido ver al anciano. «¿Tuvo muchas visitas?», le preguntó. «No, nadie vino a visitarlo», le respondió ella. «Pero fue un paciente muy jovial —agregó—. Y cuando le pregunté la razón por la que era muy jovial, me dijo que era por causa de la visita que llegaba a verlo». La enfermera le preguntó quién era esa visita, y él anciano le respondió: «Viene todos los días alrededor del mediodía y se detiene al pie de mi cama, me mira y sencillamente me dice: "Hola, Juan, soy Jesús"».

Acérquense a Dios, y él se acercará a ustedes. (4.8)

«Acérquense a Dios». Quizá esto sea más fácil cumplir durante un momento de quietud en el culto de la iglesia, pero ¿cómo podemos llevar a la práctica la presencia de Dios en un día complicado de trabajo o en medio de las presiones familiares?

Para la persona que desea vivir como amigo de Dios, tenemos un deseo de aliento adicional. Es típico de Santiago que nos exhorte a llevar a la práctica lo que nos dice.

5. Vivir según los mandamientos de Dios (4.8–10)

> Acérquense a Dios, y él se acercará a ustedes. ¡Pecadores, límpiense las manos! ¡Ustedes los inconstantes, purifiquen su corazón! Reconozcan sus miserias, lloren y laméntense. Que su risa se convierta en llanto, y su alegría en tristeza. Humíllense delante del Señor, y él los exaltará. (*4.8–10*)

Santiago sigue sosteniendo su exhortación al arrepentimiento. A aquellos cristianos indecisos, cuya lealtad está dividida, les ruega que vivan con una sola meta: «Purifiquen su corazón» (v. 8). «Puro», tal como vimos en 3.17, significa sin mezcla, con una sola devoción y meta. Søren Kierkegaard dijo al respecto: «La pureza de corazón significa desear tan solo una cosa». No solo es un asunto de palabras, sino de acciones que cambien nuestras vidas. Consiste en renunciar a nuestro adulterio espiritual y vivir de todo corazón para el Señor.

Notemos que una vez más se trata de una exhortación a ser coherentes. «Límpiense las manos» se refiere a nuestra conducta externa, y «Purifiquen su corazón», a nuestras actitudes internas. Santiago anhela que vivamos según las normas de Dios, que logremos el bienestar, que alcancemos la madurez y seamos íntegros. Recurre al lenguaje tradicional del pueblo judío: «lavarse», «purificarse». Y nos exhorta a que nos arrepintamos y vivamos la misericordia de Dios. Se trata de una invocación para que con un corazón contrito nos arrepintamos de nuestros actos: «Reconozcan sus miserias, lloren y laméntense. Que su risa se convierta en llanto, y su alegría en tristeza» (v. 9). Es lo que Pablo describe como una «tristeza que proviene de Dios» (2Co 7.10). Significa también que reconocemos el verdadero estado de nuestro corazón, es decir, una profunda conciencia de que necesitamos la gracia y la misericordia de Dios. Ello también se manifiesta en las bienaventuranzas de Jesús: «Dichosos los que lloran, porque serán consolados» (Mt 5.4). Es el resultado de vivir nuestras vidas en la presencia de Dios, porque entonces veremos al pecado tal como realmente es.

¿Qué lugar ocupa en la vida cristiana que reconozcamos nuestras miserias, que lloremos y nos lamentemos» (4.9)?
¿Qué significa que nos humillemos delante del Señor?
El llamado a que purifiquemos nuestro corazón da la impresión de ser algo simplista. ¿Qué significa en la práctica?

Para reflexionar
Este pasaje ha sido calificado como la esencia de la Epístola de Santiago. Reflexiona en torno a la razón por la que se lo ha calificado de esa manera. Además, piensa en la manera en que este pasaje te anima a vivir la vida íntegra a la que Santiago nos llama.

Repaso de la cuarta parte: Santiago 4.1–5.6

El versículo final del pasaje que hemos analizado es en realidad el otro sujetalibros que habíamos mencionado al principio. «Humíllense delante del Señor, y él los exaltará» (4.10). Es el versículo perfecto para resumir toda la sección que hemos venido estudiando, porque Santiago nos exhorta a abandonar todas nuestras pretensiones mundanas, nuestros deseos por gozar de mayor estatus social y nuestras ambiciones egoístas. Claro que Dios tiene sus propios métodos, que nos ayudarán a que seamos más humildes. A menudo, las «diversas pruebas» a las que nos referimos en el capítulo 1 forman parte de su soberana voluntad para que alcancemos nuestro propósito en la vida. La humildad debe ser nuestra actitud perenne. Ello debe salir a relucir de manera natural en aquellos que son amigos de Dios. El meollo del asunto es la actitud que manifiesta nuestra dependencia en su gracia.

¿Sabían que el más conocido «versículo de la Biblia» en los EE. UU. es «Dios ayuda a los que se ayudan a sí mismos? Pero hay un pequeño inconveniente: no aparece en ningún lugar de la Biblia. La genuina verdad es lo que Santiago nos dice en los versículos 6 y 10: *Dios ayuda a los que se humillan a sí mismos*. El resumen de ello es así: «Dios se opone a los orgullosos, pero da gracia a los humildes» (4.6; Pr 3.34; 1P 5.5). En su forma más sencilla, la humildad es olvidarse de sí mismo.

En la Sociedad Langham nos preocupamos de no caer en la trampa del culto a la personalidad cuando se trata de nuestro hermano John Stott, quien fue el fundador de la organización. Pero, para varios de nosotros, haber trabajado con él no solo ha sido un privilegio, sino también un ejemplo. Mi amigo Chris Wright envió un mensaje por correo electrónico al equipo de Langham, en donde nos alentó a trabajar con humildad y un espíritu de servicio al prójimo. Dijo al respecto:

Me pregunto si aquella característica de John Stott, aquella humildad que mencionaron todos los que interactuaron con él o lo conocieron es uno de los atributos que lo hacían parecerse más a Cristo. En tantos viajes que hicimos juntos, me sorprendía la sencillez y el gozo que demostraba tener cuando se reunía con la gente, desde los encuentros con viejos amigos de su generación, hasta los jóvenes que recién conocía y con los que salía a observar aves. Trataba a todos con gentileza, sin pretensiones, con agradecimiento, con cortesía, demostrando un interés genuino en sus familias, sus circunstancias y sus necesidades. Tenía la facilidad de poner a la otra persona en el centro de atención, si bien él mismo jugaba el papel estelar del evento. Se le hacía fácil esquivar la admiración de los demás y encontrar cosas dignas de elogio en ellos. No acaparaba la solemnidad para sí mismo, sino que se la daba a los demás. Y una y otra vez me seguía maravillando de cuán parecido todo esto debe haber sido al caminar al lado de Jesús.

Fue una vida genuina y llena de sabiduría. Humillarnos a nosotros mismos no necesariamente significa que Dios nos exaltará delante del mundo, porque, luego de todo lo que Santiago nos ha dicho acerca de este, ¿realmente nos interesa ser exaltados delante de él? Más bien recibimos elogios de parte de Dios. «Dios se opone a los orgullosos, pero da gracia a los humildes».

Quinta parte

Las rodillas que confían en la gracia de Dios

Santiago 5.7–20

Las rodillas
que confían en la gracia de Dios

Introducción a la quinta parte

Hace algún tiempo hubo un interesante intercambio de opiniones en los diarios en torno a si era correcto que los deportistas, tanto hombres como mujeres, orasen durante las competencias. Los encabezados aparecieron bajo el título «Juego limpio». Una de las cartas de los lectores decía: «Estimados señores, en estos tiempos cuando ganar es más importante que jugar, me preocupa que algunos deportistas profesionales sigan invocando la ayuda divina. En cambio nosotros, los jugadores aficionados (como aquel pastor que en un juego de golf logró un hoyo en uno desde 300 metros de distancia y dijo que hubiera preferido lograrlo sin la ayuda de Dios), preferimos creer que, cuando logramos alguna hazaña deportiva, esta se debe a nuestros propios esfuerzos».

Muchos perciben la oración de esta forma. ¿No es así? Quizá oramos cuando tenemos un examen o una entrevista de trabajo o en los momentos en que hay problemas en casa, pero la mayor parte del tiempo nos las arreglamos nosotros mismos sin necesidad de recurrir a la oración.

A Santiago le preocupa enseñarnos acerca de aquella fe que produce resultados, y nos muestra que la oración juega un papel central en ello. La oración significa darle pies y manos a nuestra fe, es expresar que dependemos de Dios. Es decir «Dependo de Dios en todo y en cada momento». De hecho, es una manera de darle la gloria a Él, porque le decimos «Solo tú eres capaz de lograrlo». Es darle la honra a Dios porque reconocemos que es el eje de nuestra vida, tal como vimos en Santiago 4. Entonces, como hemos recalcado, la oración es decir «No tengo el control de mi vida; tú, Señor, tienes el control de mi vida».

La oración es rogar a Dios que nos ayude basándonos en lo que sabemos acerca de su carácter. Él es el dador generoso, tal como nos lo recuerda el capítulo 1. Entonces, la oración es como una respuesta a Dios, a sus promesas y sus mandamientos. Sin embargo, depender de Él no siempre es fácil. A nuestra cultura le fascina la autonomía y la autosuficiencia, aunque en los tiempos actuales, somos más escépticos respecto de nuestra capacidad de controlar los asuntos mundiales en torno a la seguridad, a la economía o a la pandemia. Sin embargo, a pesar de ello, aún nos encanta pensar que tenemos el control de nuestro propio mundo. Contrariamente, la oración dice: «Me arrodillo a tus propósitos, me rindo a tu voluntad».

En el capítulo 5, Santiago vuelve a insistir en que depender de Dios es siempre una prioridad para el discípulo cristiano. Así que, ahora pasaremos a nuestro siguiente tema: *las rodillas que confían en la gracia de Dios*. En los siguientes capítulos: «Aguardar con paciencia», «La oración de fe» y «La comunidad de amor», analizaremos tres asuntos que giran en torno a las tres grandes virtudes cristianas: la fe, la esperanza y el amor.

Capítulo 11

Aguardar con paciencia

Objetivo: Fijar nuestra mirada en la certeza del futuro.

Tema
Cuando enfrentemos presiones será necesario tener el don de la perseverancia. La única manera posible será confiar en los propósitos de Dios y anhelar el retorno de nuestro Señor.

Leer: Santiago 5.7–12

Versículo clave: Santiago 5.8

Bosquejo:
1. Anhelar el retorno del Señor (5.7–9)
2. Vivir según las normas de Dios (5.9, 12)
3. Confiar en la compasión del Señor (5.10–11)

Ya hemos analizado en la primera parte del capítulo 5 la descripción de los ricos que oprimen al prójimo, explotan a los pobres, no les pagan lo que les deben y se enriquecen mientras ignoran sus quejas. Para la mayoría de los primeros lectores de Santiago, aquello describía lo que sufrían a diario, lo cual seguramente generaba ira en la comunidad cristiana. Por ello, Santiago empieza con una sencilla exhortación: «Por tanto, hermanos, tengan paciencia» (v. 7), y lo repite en el versículo 8.

¿Cómo manejas la paciencia? ¿Cómo la manejas, por ejemplo, cuando te encuentras en un embotellamiento de vehículos o en los casos en que el sistema de atención al cliente en el teléfono es robotizado y te hace aguardar demasiado o cuando tienes que esperar por los análisis de laboratorio que tu médico te ha encargado? ¿Cómo te comportas cuando debes enfrentar estas situaciones de los ejemplos? Esperar no es nada fácil, ¿no es así? Un día me encontraba en el aeropuerto Heathrow de Londres cuando me percaté de un anuncio publicitario: «La impaciencia es una virtud. No hay que esperar». Se trataba de un anuncio para los superrápidos teléfonos móvil Samsung Jet, con una redacción específicamente dirigida a nuestra cultura. Es difícil ser paciente; peor todavía cuando uno se encuentra bajo presión.

Santiago nos exhorta a que tengamos la perspectiva correcta, como nos dijo en 1.12: «Dichoso el que resiste la tentación porque, al salir aprobado, recibirá la corona de la vida que Dios ha prometido a quienes lo aman». Y ahora que escribe a los cristianos que sufren, les recuerda que presten atención a las promesas venideras. Respecto a ello, hay tres temas que explicaremos a continuación.

1. Anhelar el retorno del Señor (5.7–9)

> … tengan paciencia hasta la venida del Señor. (*v. 7*)

> … manténganse firmes y aguarden con paciencia la venida del Señor. (*v. 8*)

La razón por la que los creyentes que se encuentran bajo presión pueden esperar con paciencia es el hecho de que saben muy bien que la justicia está por venir. A estas alturas debemos aclarar la perspectiva escatológica de Santiago. En varias ocasiones durante esta breve epístola, menciona lo que está por venir. Por ejemplo, en 1.9–11, se refiere al cambio de destinos entre el rico y el pobre; luego, en 1.12, escribe acerca de la recompensa máxima que recibirá el creyente que persevera; en 2.13 lanza una advertencia contra aquellos que actúan sin compasión; y en 4.12 nos advierte del peligro de comportarnos como jueces, porque solo Dios puede salvar o destruir. La idea de que la *esperanza que es paciente no es una ilusión* se fundamenta en la certeza de que Dios *hará algo al respecto*, vendrá e impondrá su justicia.

Habacuc tuvo que hacer lo mismo. Supo esperar porque sabía que las promesas respecto al juicio de Dios eran reales. Tenía la plena seguridad de que Dios finalmente intervendría y restituiría la justicia, «porque así como las aguas cubren los mares, así también se llenará la tierra del conocimiento de la gloria del Señor» (Hab 2.14).[42]

Esta verdad es muy poderosa y pertinente para todos aquellos cristianos que encaran sufrimientos en todo el mundo, especialmente para los que sufren opresión y persecución y son víctimas de la injusticia o de calumnias o deben enfrentar tiempos de espera sin saber lo que Dios está haciendo. Santiago nos recuerda que el Señor viene, que nuestro Rey retornará.

Esta expectativa dio forma al pensamiento de los escritores del Nuevo Testamento. Hay como unas trescientas menciones al retorno del Señor y, según se me ha dicho, corresponden a uno de cada trece versículos. Claro que se exige que tengamos paciencia. Santiago nos dice que somos como el agricultor que espera la cosecha final (v. 7), pero que no siempre podrá verla. Sin embargo, debemos notar la manera en que se nos describe el movimiento ascendente: «Oigan cómo clama contra ustedes el salario no pagado a los obreros que les trabajaron sus campos» (v. 4); «Por tanto, hermanos, tengan paciencia hasta la venida del Señor» (v. 7); «… aguarden con paciencia la venida del Señor, que ya se acerca» (v. 8) y, finalmente, «¡El juez ya está a la puerta!» (v. 9).

Tenemos la certeza de que sucederá. Por ello, sin importar lo que encaremos, debemos tener paciencia. «Así también ustedes, manténganse firmes y aguarden con paciencia la venida del Señor, que ya se acerca» (v. 8).

· ·

Dedica un momento a reflexionar acerca del gozo del retorno de Cristo y, al mismo tiempo, sobre el hecho de que vendrá

---

[42] Para un desarrollo más completo de esta idea, ver Jonathan Lamb, *Del ¿por qué? a la adoración* (Lima: Ediciones Puma, 2020), cap. 3.

como juez. ¿Por qué el juicio del Señor es causa de alegría en el salmo 96.10–13?

2. Vivir según las normas de Dios (5.9, 12)

Cada vez que en el Nuevo Testamento se hace alusión al futuro, siempre se lo relaciona con el presente. Por ejemplo, si aquello es lo que sucederá *el día de mañana,* entonces así es como debemos vivir *el día de hoy.* Por ello, Santiago, en su exhortación a vivir con paciencia, inserta sencillas recomendaciones respecto a cómo vivir ahora. Esto forma parte de su llamado a la integridad. Si el juez está a la puerta, esta realidad entonces debería incentivarnos a que nos comportemos de cierta manera.

En primer lugar, *no se quejen.* «No se quejen unos de otros, hermanos, para que no sean juzgados. ¡El juez ya está a la puerta!» (v. 9). Los israelitas cometieron esta falta muchas veces, lo cual podría entenderse, pues es más fácil quejarse que tener paciencia. Ante ello, nos preguntamos: ¿por qué Dios permite esto?, ¿por qué no hace algo al respecto? Douglas Moo tiene razón al decir que, cuando estamos bajo estrés, tenemos la tendencia a cargar nuestras frustraciones sobre aquellos que están más cerca de nosotros y es muy fácil que nuestras quejas se conviertan en un estilo de vida.

Doblar las rodillas y depender de la gracia de Dios nos servirá para ver bajo la perspectiva correcta las pruebas que sufrimos. En los versículos 10 y 11, Santiago cita algunos casos: los profetas y Job fueron ejemplos sobresalientes de una paciencia que sabía esperar. Por la gracia de Dios, fueron capaces de confiar en Él a pesar de todo lo que se les oponía. Eso sí, no fueron pasivos. Justamente a esto se refirió una de las críticas de Karl Marx, quien dijo que la religión entorpecía a las personas y las volvía perezosas. Pero Santiago dice en el versículo 10 que los profetas hablaron en nombre del Señor y que con mucha valentía condenaron la opresión y la corrupción. Existen momentos en que, en este mundo presente, esto sucederá, porque en lo que Santiago nos enseña hay consecuencias políticas y sociales. Los profetas se involucraron en una serie de problemas, y lo mismo sucederá con nosotros, pero ellos confiaron en que Dios cumpliría sus promesas.

Luego, en el versículo 12 tenemos una segunda exhortación a vivir según las normas de Dios: *no juren*. «Sobre todo, hermanos míos, no juren ni por el cielo ni por la tierra ni por ninguna otra cosa. Que su «sí» sea «sí», y su «no», «no», para que no sean condenados» (v. 12).

Los teólogos no están del todo seguros de la razón por la que Santiago decidió colocar este versículo en este lugar y cuál es su significado. Quizá sea la frase final respecto a cómo responder frente a la explotación que los creyentes encaran; aunque también podría ser un comentario final en torno a la manera en que debemos expresarnos. Nos exhorta a ser íntegros y honestos, lo cual es clave para el siguiente tema sobre la oración. Pero, quizá también encaja con la exhortación a tener paciencia y saber esperar: *No maldigan a Dios*. Al fin y al cabo, Santiago nos ha dado el ejemplo de Job. Satanás estaba absolutamente seguro de que Job maldeciría a Dios; incluso su mujer le había dicho que lo maldijera y se muriera. Pero Job se negó a hacerlo y retuvo su integridad. Santiago quiere que hagamos lo mismo. Desea que vivamos según las normas de Dios, con paciencia y sabiendo esperar.

Quejarse puede muy fácilmente volverse un hábito. ¿Cómo podemos evitar esto?
¿Habrá momentos en que no decimos toda la verdad? ¿Cuándo nuestro «sí» y nuestro «no» carecen de la claridad que Santiago nos pide?

3. Confiar en la compasión del Señor (5.10–11)

En verdad, consideramos dichosos a los que perseveraron. Ustedes han oído hablar de la perseverancia de Job, y han visto lo que al final le dio el Señor. Es que el Señor es muy compasivo y misericordioso. (*v. 11*)

Los lectores judíos de Santiago seguramente conocieron muy bien el mensaje de los profetas, quienes, a pesar de la entrega plena a su llamado, encararon muchas clases de problemas. Jeremías, por ejemplo, fue el único y solitario representante de la oposición y por cuarenta años tuvo muchas veces que anunciar el juicio de parte de Dios; fue la vida y el alma del sepelio. Lo mismo le pasó a Job, quien, luego de haberlo perdido todo y haber sufrido una serie de calamidades, se negó a maldecir a Dios.

Considerando los propósitos de Dios, la perseverancia produce algo que merece la pena, tal como Santiago nos ha enseñado. Él resalta la preocupación de Dios, quien se encargará de que estos tiempos desafiantes y de espera respecto a nuestras vidas lleguen a producir los resultados correctos. «Es que el Señor es muy compasivo y misericordioso» (v. 11). A veces es muy difícil darse cuenta de ello, ¿no es cierto? Pero así es la verdad teológica que tenemos en nuestras manos, la cual debemos obedecer. Es el sólido cimiento sobre el que debemos erguirnos. La oración sirve de apelación para que Dios nos responda de acuerdo con su carácter. «Señor, muéstranos tu justicia, tu compasión y tu misericordia. Señor, nuestras vidas dependen de tu gracia».

A los cristianos que sufren presión en los rincones más pobres y olvidados del planeta, a los que sufren persecución en lugares como Nigeria, Somalia, Pakistán, o a los que leen estas páginas y enfrentan incertidumbre en sus relaciones, en su salud o su futuro, Santiago los acerca más al corazón de Dios Padre, cuyo amor y compasión son infinitos.

Entonces, estas son las tres cosas que nos ayudarán a vivir con paciencia, anhelando el retorno del Señor, viviendo según sus normas y confiando en su compasión.

● ●

Escribe un resumen de lo que este pasaje dice acerca del fundamento de la paciencia cristiana. ¿Describe el aspecto de la paciencia?

Dedica un tiempo para orar por los cristianos de otras partes del mundo que sufren por su fe o que son oprimidos debido a su entrega a Cristo o sencillamente porque son pobres.

Considera llevar a cabo alguna pequeña obra que pudiera servir de ayuda, ya sea un mensaje de correo electrónico, un obsequio o unas palabras de aliento.

Para reflexionar

Al inicio de este capítulo (el «Tema») dijimos que necesitamos el don de la perseverancia y que ello se fortalece con la confianza que depositamos en los propósitos de Dios y en el anhelo de su retorno. ¿En qué áreas de tu vida crees que necesitas mayor perseverancia? ¿De qué manera crees que los temas de este capítulo te ayudarán a mejorar esa perseverancia?

Capítulo 12

La oración de fe

Objetivo: Entender lo que sucede cuando se ora y aprender a confiar más en Dios.

Tema

Sean cuales fueren nuestras circunstancias, podemos llevar confiadamente nuestras necesidades ante Dios, sabiendo que cumplirá su propósito y sus promesas.

Leer: Santiago 5.13–18

Bosquejo:
1. La confianza y el contentamiento (5.13)
2. La fe y la voluntad de Dios (5.14–15)
3. La confesión y la comunidad (5.16)
4. La perseverancia y las promesas (5.16–18)

Hemos visto que Santiago, gracias a su estilo repetitivo, tiene la costumbre de repasar los mismos temas. Así, varias veces nos ha recordado los asuntos que desarrolló en la tercera parte: "Los labios que hablan la verdad". Notemos en esta sección la manera en que consolida ese tema.

No se quejen unos de otros […] (*v. 9*)

… los profetas que hablaron en el nombre del Señor. (*v. 10*)

… no juren […] (*v. 12*)

… que oren […] (*v. 13*)

… confiésense unos a otros sus pecados […] (*v. 16*)

En esta parte, Santiago trata con mayor atención el tema de la oración. Arrodillarse en oración refleja la misma actitud que vimos en Santiago 4, es decir, depender plenamente de Dios. Sin embargo, esa no es la manera en que conducimos nuestras vidas. Más bien, lo más común es que lo hagamos bajo este lema: «¿Para qué orar cuando es mejor preocuparse?». Por ello, analizaremos varios principios clave en torno a la oración que aparecen en este pasaje.

1. La confianza y el contentamiento (5.13)

> ¿Está afligido alguno entre ustedes? Que ore. ¿Está alguno de buen ánimo? Que cante alabanzas. (*v. 13*)

Este versículo nos muestra un balance importante entre orar y ser agradecidos. Sea cual fuere nuestra situación, Santiago nos dice que podemos confiar en que Dios es todo lo que necesitamos. Sin importar lo que encaremos, la oración nos ofrece un sentido de estabilidad, como dice el doctor Tasker.[43] Los dos elementos de la oración que aparecen en el versículo 13 son parecidos a las enseñanzas de Pablo en Filipenses 4.6: «No se inquieten por nada; más bien, en toda ocasión, con oración y ruego, presenten sus peticiones a Dios y denle gracias».

La oración manifiesta una actitud de confianza, y la gratitud expresa un estado de contentamiento. Como vimos en los capítulos 1 y 2, no es nada fácil lograr animarse como producto de la exhortación «considérense muy dichosos», especialmente cuando nos enfrentamos a pruebas duras. Por ello, tener una actitud de agradecimiento al orar, puede llegar a ser una de las más difíciles de sostener. Sin embargo, podemos responder con un constante gozo porque

---

[43] R. G. V. Tasker, *James*, TOTC (Londres: IVP, 1957), 126.

conocemos algo de los propósitos de Dios. Sabemos que el mal ha perdido su ímpetu, que ha dejado de ser nuestro amo, pero, al mismo tiempo, puede volverse un instrumento en las manos de Dios para llevar a cabo sus propósitos. «Es que el Señor es muy compasivo y misericordioso» (v. 11).

En toda situación, debemos manifestar la oración y el agradecimiento, así como confianza y contentamiento. Santiago usa el ejemplo de Job, en el que resaltan la oración y el agradecimiento que expresó. «El Señor ha dado; el Señor ha quitado. ¡Bendito sea el nombre del Señor!» (Job 1.21). En vez de maldecirlo, lo bendijo. En su libro sobre Job, Warren Wiersbe afirma que «cualquiera podría decir "el Señor ha dado" o "el Señor ha quitado"», pero que se requiere «una fe auténtica para poder confesar, en medio de la pena y el sufrimiento, "¡Bendito sea el nombre del Señor!"».[44] Sospecho que muy pocos de nosotros podríamos confesar el mismo humilde contentamiento al adorar a Dios en situaciones como la de Job. Cuando nos enfrentamos a un profundo dolor, no es fácil presentar nuestras necesidades ante el Señor. Sin embargo, eso fue justamente lo que hizo Job.

Me gusta el ejemplo que muestra que la fe es como un móvil para bebés, en vez de una figura estática. Algunas partes del móvil bambolean entre las sombras, pero sabemos que en el vaivén retornarán a la luz; así es la fe. Por ello, es importante que perseveremos y confiemos en Dios y sus propósitos, incluso cuando el vaivén nos lleve a la oscuridad. Como David Atkinson escribió una vez, «la fe es aprender a confiar en Dios a oscuras».

Se ha dicho que carecer de un corazón agradecido constituye una de las primeras señales de rebeldía contra Dios (ver Ro 1.21). ¿De qué maneras podemos aprender a vivir la vida con una actitud de agradecimiento?

---

44 Warren W. Wiersbe, *Be Patient* (Scripture Press, 1992), 18.

2. La fe y la voluntad de Dios (5.14–15)

> ¿Está enfermo alguno de ustedes? Haga llamar a los
> ancianos de la iglesia para que oren por él y lo unjan con
> aceite en el nombre del Señor. La oración de fe sanará al
> enfermo y el Señor lo levantará. Y, si ha pecado, su pecado
> se le perdonará. (*vv. 14–15*)

No es ninguna sorpresa que estos versículos hayan causado desacuerdos entre los creyentes, pues nos dejan muchas interrogantes. ¿Será el aceite consagrado un medio para que la persona enferma reciba el perdón de sus pecados? ¿Será que Dios quiere que todos tengamos buena salud? Hay varios asuntos importantes que debemos establecer a partir del texto.

En primer término, esto ocurre en el contexto de la oración de los creyentes. La sanidad no se relaciona en lo absoluto con ningún poder mágico del aceite o de los dones especiales de los ancianos. Tampoco con el grado de intensidad de nuestra fe, sino con el objeto de ella: oramos «en el nombre del Señor». Con ello queda claro quién es el que tiene el control. Podemos recibir el perdón gracias a Jesús. Somos recibidos en la presencia de Dios gracias a su nombre. La razón de la oración por los enfermos no es el aceite; tampoco el don de sanidad ni el grupo de ancianos o la fe misma; es el mismísimo Dios.

En segundo lugar, sucede en una situación pastoral: se trata de un ministerio que lo llevan a cabo los ancianos de la iglesia. Esto es importante por varias razones, en particular por la ayuda que se les debe brindar a los enfermos y sus familias.

En tercer término, no debemos separar este tema de lo que entendemos por la voluntad de Dios. Una de las más perniciosas tentaciones que enfrentamos es imaginarnos que Él está obligado a darnos lo que le pedimos. Fred Milson escribió al respecto hace muchos años:

> Curiosamente, persiste la noción de que la oración consiste
> en pedirle a Dios cosas que creemos están a nuestra entera
> disposición. Dean Inge recibió una vez una carta de una dama
> que le dijo que oraba a diario para que se muriera y que ella

había tenido éxito en otros casos anteriores. Cuando inexplicablemente George Hirst fue dado de baja del equipo inglés de críquet, se elevaron oraciones a Dios el domingo en la noche en la capilla metodista de Yorkshire: «Padre celestial, abre los ojos de los selectores». Pero, como todos sabemos, por no habernos preparado adecuadamente, así no funcionan las cosas, aun cuando oremos para que pasemos la prueba de evaluación. La oración no es como una máquina tragamonedas, donde uno mete la moneda y luego sale el producto que deseamos.

La Biblia nos enseña que el meollo del asunto es entregarnos plenamente a la voluntad de Dios. De eso se trata lo que nos dice Santiago en 4.15: «Más bien, debieran decir: "Si el Señor quiere [...]"». Entonces, es crucial que oremos «hágase tu voluntad». ¿Crees que esta frase se usa como una excusa? Uno de los consejos más útiles que he visto proviene de Alec Motyer. Dice que nos imaginamos el asunto de esta manera: si Dios me diera todo lo que le pido, entonces dejaría de orar. ¿Por qué? Porque ignoro lo que es mejor para mí. No tengo la menor idea respecto de lo que sucederá mañana. Mi capacidad de entendimiento me limita. Soy un ser limitado, mientras que Dios conoce desde el principio hasta el fin y puede ver todo el panorama completo; por tanto, orar «hágase tu voluntad» es lo más sensato que podemos hacer. De hecho, quita las limitaciones de nuestro conocimiento respecto de lo que realmente necesitamos. Elimina las restricciones en vez de imponerlas.

La oración de fe es aquella que confía en la voluntad de nuestro misericordioso Padre y la obedece porque Él desea lo mejor para nosotros. Hemos visto esto varias veces en Santiago: «Dios da a todos generosamente sin menospreciar a nadie» (1.5); «Toda buena dádiva y todo don perfecto descienden de lo alto, donde está el Padre [...]» (1.17); «Pero él nos da mayor ayuda con su gracia» (4.6); «Es que el Señor es muy compasivo y misericordioso» (5.11).

Peter Jensen nos sugiere otro importante consejo respecto de la oración. Debemos reconocer que Dios tiene deseos, y nosotros, preocupaciones. Cuando oramos por lo que Dios desea, la respuesta es siempre afirmativa. Por ejemplo, en el capítulo 1 se nos alienta a rogar por más sabiduría, y es un hecho que Dios *nos la dará*. Cuando rogamos por perdón, Dios *nos perdonará*. Cuando rogamos por todo lo demás, tenemos la plena seguridad de que nada nos separará del amor de Dios y que «Él nos da mayor ayuda con su gracia». Pero no hay garantía de que Dios nos dará exactamente lo que le pidamos. Sé muy bien que este asunto contiene profundos misterios y que no hay respuestas fáciles. Lo importante es saber que Dios nos da lo que más nos conviene. Dios proveerá según su voluntad.

La oración de fe debe sujetarse a la voluntad de Dios. Como hemos visto en la primera parte del capítulo 5, la fe debe aguardar con paciencia los propósitos de Dios, ya sea que se refiera al tiempo o a la manera en que uno espera que sucedan las cosas. Mateo registró la forma en que Jesús oró en Getsemaní: «Padre mío, si es posible, no me hagas beber este trago amargo» (Mt 26.39). El autor de la Epístola a los Hebreos nos dice: «En los días de su vida mortal, Jesús ofreció oraciones y súplicas con fuerte clamor y lágrimas al que podía salvarlo de la muerte, y fue escuchado por su reverente sumisión» (Heb 5.7). El Padre lo escuchó y respondió. ¿Y cómo respondió? No le quitó aquel trago amargo, sino que le dio la fuerza para enfrentar ese intenso viaje que estaba por hacer y que lo conduciría hasta la cruz.

Sucedió lo mismo con Pablo, quien dijo: «Tres veces le rogué al Señor que me la quitara» (2Co 12.8). Para muchos de nosotros, si la debilidad no tiene ningún propósito excepto hacer que acudamos a Dios en oración, habrá cumplido una valiosa función. De eso se trata la tremenda ventaja de la debilidad. Algo aparece en nuestras vidas que nos causa una especie de cojera, por decirlo así; intentamos seguir adelante con nuestras vidas, pero nos retorcemos de dolor, y es en esos momentos cuando rogamos a Dios que nos ayude. La respuesta que Pablo recibió fue suficiente: «Te basta con mi gracia, pues mi poder se perfecciona en la debilidad» (2Co 12.9).

Hay otra idea que nos podría ser útil. Es la noción de «los primeros frutos». Algunos leen este pasaje de Santiago e insisten en que no hay frutos en el árbol; niegan que la sanidad física sea posible en la actualidad. Otros lo leen y esperan que el árbol esté lleno de frutos; están convencidos de que todos deberían experimentar la sanidad; sin embargo, el concepto de los primeros frutos nos ayuda. Esperamos la posibilidad de ver algunas señales del reino, algunos aspectos del proceso de restauración, alguna prueba de que Dios está obrando, pero lo que tenemos es el *ahora* y el *todavía no*. No debemos esperar que todo sea resuelto ahora mismo; sin embargo, sí podemos tener una muestra o anticipo de aquella consumación final, cuando la victoria de Cristo sobre todas las manifestaciones del mal, incluyendo las enfermedades, se cumpla plenamente.

Richard Baxter vislumbró aquel día final. En su lecho de muerte, un amigo entró en la habitación y le preguntó: «¿Cómo estás, Richard?», y Baxter le replicó: «Estoy casi bien del todo».

. . . .

Probablemente muchos de los que conocemos estén enfrentando ahora alguna enfermedad. Dedica tiempo a orar, ya sea en grupo o de manera individual, para que el Señor cuide de ellos: por su bienestar espiritual, mental y físico.
Dedica tiempo para agradecer a Dios por aquellas señales visibles del reino de Dios, y también agradécele por aquel día final cuando todas las cosas serán restauradas para lo que fueron creadas.

. . . .

3. La confesión y la comunidad (5.16)

> Por eso, confiésense unos a otros sus pecados, y oren unos por otros, para que sean sanados. La oración del justo es poderosa y eficaz. (*v. 16*)

Hemos visto a lo largo de la Epístola de Santiago que le preocupa mucho la comunidad. No es una carta acerca del discipulado cristiano individual, sino sobre la manera de vivir juntos y de atender a los necesitados. Es una carta acerca de la forma como nos relacionamos unos con otros. Se relaciona con la comunidad, no con favoritismos o discriminación. Es una carta sobre la manera de comunicarnos unos con otros y acerca del modo de apoyarnos unos a otros, como se observa en el capítulo 5.

En el versículo 16 es posible que Santiago tenga presente las enseñanzas de Mateo 5.23-24 en lo que se refiere a la idea de que «si tu hermano tiene algo en contra de ti, entonces, antes de que

Dios escuche tu oración, ve y reconcíliate con él». Esto quiere decir que no debemos usar la oración para descargar nuestras quejas en público o tener una confrontación contra alguien por causa de sus errores. Más bien, debemos resolver todo ello antes de orar. Pero la nota dominante de estos versículos nos sugiere que debemos identificarnos con las necesidades y las alegrías de los demás cuando oramos. Oramos unos por otros. Deseamos el bienestar, el perdón y la restitución del prójimo.

La idea de la confesión mutua es poco común entre los evangélicos. Es cierto que nos concentramos en Cristo y su obra de salvación, que nos acercamos al pie de la cruz, no a los pies de algún sacerdote o compañero de la fe, y que por ello no deberíamos obsesionarnos por los problemas ajenos. Sin embargo, debemos confesar alguna ofensa que hayamos cometido contra otra persona y pedirle perdón directamente a ella en privado, o en público en caso de haber cometido la ofensa en ese ambiente. Pero el asunto no acaba aquí. En un contexto donde hay confianza (como en los grupos de oración donde existe una amistad común) y en el cual hay un compromiso de apoyarse en oración, la confesión podría servir de instrumento para fortalecer la fe y mantenerse en el camino de la sabiduría, como veremos en los dos versículos finales del capítulo.

El otro asunto que debemos mencionar es la conexión entre las enfermedades y el pecado. ¿Cómo deberíamos interpretar el versículo 15? «Y, si ha pecado, su pecado se le perdonará» ¿Y qué del versículo 16?: «... confiésense unos a otros sus pecados, y oren unos por otros, para que sean sanados».

En primer lugar, el pasaje contiene un elemento condicional: «*si* ha pecado». Entonces, el pecado puede ser un componente de la enfermedad, pero no siempre sucede así. A partir de las enseñanzas de Jesús en torno al hombre que nació ciego, sabemos que no hay necesariamente una conexión entre la enfermedad y el pecado: «... ni él pecó, ni sus padres», dijo Jesús (Jn 9.3). Además, es importante que recordemos la experiencia de Job, quien era un hombre bueno y entregado a Dios: «Es un hombre recto e intachable» (Job 1.8). Philip Yancey dijo al respecto: «Nadie merecía sufrir menos que Job y, sin embargo, pocos han sufrido más que él». El castigo que Job recibió no fue por causa de su pecado; de ahí el debate que tuvo con sus amigos por causa de la alarmante opinion de parte de ellos, quienes afirmaban que todo lo sucedido había ocurrido por su pecado.

A veces la Biblia nos da ejemplos en los que el sufrimiento es el resultado directo de los fracasos humanos o de sus pecados; debemos siempre tener esto presente. Sin embargo, se nos advierte muchas veces que evitemos hacer esa conexión tan a la ligera, a nivel personal, entre aquellos que sufren y sus propios errores o falta de fe. Pero en Santiago 5, para aquellos que también necesitan el perdón de sus pecados, todo ello forma parte de la restitución que proviene de la oración hecha en el nombre del Señor. Daniel Doriani nos sugiere que, si en el primer siglo la gente «le atribuyó a la enfermedad un exagerado matiz espiritual» al afirmar que las tragedias eran el resultado del pecado, a lo mejor necesitamos ahora «volver a espiritualizar la enfermedad», ya que la Biblia ofrece una visión integral de la vida. A Dios le preocupa el cuerpo, la mente, el espíritu y la comunidad.[45]

El comentario bíblico *Christian Focus* resume todo esto de una manera precisa: «Entonces, el pasaje no ofrece una carta blanca que garantiza que toda enfermedad física será sanada en esta vida. Da por sentado que Dios nos dará a conocer su voluntad y que la oración de fe se hará según su propósito. Nadie sabe exactamente cuándo tendremos que atravesar por experiencias humanas comunes, como los momentos difíciles o felices, las enfermedades y el pecado. Pero cuando nos lleguen aquellos momentos, nuestra fe deberá ser puesta en práctica, ya sea que oremos, alabemos a Dios o confesemos nuestros pecados».[46]

⸱ ⸱

¿Cómo describirías la relación entre el pecado y la enfermedad? ¿De qué manera podrías promover la responsabilidad mutua en tu grupo o iglesia, orando y apoyándose unos a otros de una forma más eficaz?

⸱ ⸱

---

[45] Daniel Doriani, *James* (Phillipsburg: P & R, 2007), 198.

[46] Christopher W. Morgan y B. Dale Ellenburg, *James* (Fearn, Ross-shire: Christian Focus Publications, 2008), 201.

4. La perseverancia y las promesas (5.16–18)

> Por eso, confiésense unos a otros sus pecados, y oren unos
> por otros, para que sean sanados. La oración del justo es
> poderosa y eficaz. Elías era un hombre con debilidades
> como las nuestras. Con fervor oró que no lloviera, y no
> llovió sobre la tierra durante tres años y medio. Volvió a
> orar, y el cielo dio su lluvia y la tierra produjo sus frutos.
> (5.16–18)

Santiago llega al final de esta sección resaltando el gran poder y eficacia de la oración cuando se la combina con una vida que sigue los pasos de Dios. Santiago se expresa así con el fin de animarnos a que pongamos en práctica lo que ha escrito y no desperdiciemos nuestro tiempo, ya que la oración es poderosa y eficaz (v. 16b). Es poderosa porque tiene muchas cosas que ofrecernos; y es eficaz debido a que produce resultados. Santiago nos da el ejemplo de Elías, otro gran héroe para sus lectores. El versículo 17 expresa lo que sobresale respecto a él: «Elías era un hombre con debilidades como las nuestras». Efectivamente, tenía las mismas flaquezas que las nuestras; era tan humano «como cualquiera de nosotros» (PDT).

Vale la pena recordar que hubo una vez cuando Elías estuvo tan desesperado que oró a Dios pidiéndole que le quitara la vida, y Dios le respondió con un rotundo «¡No!». Así que, cuando Santiago dice que «la oración del justo es poderosa», no se refiere a una persona perfecta, sino a aquella que hace lo correcto ante Dios, que confiesa sus pecados, que sabe que el Señor lo perdonará, que tiene la plena seguridad de que Dios cumplirá sus propósitos. Tal como vimos en 4.8, se trata de aquella persona que tiene las manos limpias y el corazón puro.

¿Y de qué manera oró Elías? Lo hizo con fervor (v. 17). No debemos suponer que ello significa orar con una voz especial o con estremecedora emoción. En el texto griego esta frase es un pleonasmo: «oró con oración». La traducción que ofrece Adamson es útil: «Cuando el justo ora, el resultado es muy impactante. Esto es justamente lo que Elías hizo y, permítanme decirles, así es como funciona la cosa».[47]

---

[47] James Adamson, *The Epistle of James*, NICNT (Grand Rapids: Eerdmans, 1976), 201.

¡Nada tibio lo que hizo! Puso manos a la obra y oró. Me gusta el consejo que Don Carson ofrece en uno de sus libros, en el cual dice que debemos orar hasta el punto en que lleguemos a orar. «En realidad se trata de un antiguo consejo puritano. Los cristianos deben orar en una sola reunión, tan largo como sea necesario y con tal grado de honestidad que logren superar la sensación de formalismo y artificialidad que son típicos de las oraciones breves. Cuando oramos, muchos de nosotros somos como aquellos niños malcriados que tocan el timbre de las puertas y se van corriendo antes de que alguien les abra la puerta. Ora hasta el punto en que llegues a orar».[48]

Y hemos logrado ver los resultados. ¿Recuerdas aquella historia de Elías en el monte Carmelo? Fue allí donde recibió una respuesta inmediata; pero luego Santiago nos dice que Elías oró para que no lloviese por tres años y medio. Aquella fue una oración que se comprobaría en la vida diaria. La respuesta vino de a pocos, cada mañana, no sucedió una sola vez. Tuvo que seguir confiando con paciencia y, al final, tuvo mil doscientas razones para confiar en Dios. Por ello, necesitamos seguir perseverando.

Tuve la oportunidad de escuchar un buen sermón de Mark Ashton en el que desarrolló otro tema importante respecto al hecho de que debemos depender de Dios. En Deuteronomio 28, el Señor habló al pueblo del pacto sobre las bendiciones para aquellos que son obedientes y las maldiciones para los que desobedecen. Las maldiciones incluían las derrotas en la guerra, las plagas y los desastres naturales. Los profetas explicaron estos desastres en términos del juicio de Dios sobre una nación que lo desobedecía con persistencia.

Una de esas maldiciones se encuentra en Deuteronomio 28.23: «Sobre tu cabeza, el cielo será como bronce; bajo tus pies, la tierra será como hierro». En el contexto del pueblo de Dios que se olvidó de Él, Elías, basado en lo que Dios les había prometido, le ruega que tenga misericordia de ellos. El profeta pudo ver aquella terrible decadencia, la cual solo Dios podía corregir. Si Él hubiera detenido la lluvia, de hecho habría tenido trágicas consecuencias, pero Elías oró apelando a las promesas de Dios. Se trata de un principio importante. En la primera

---

[48] D. A. Carson, *A Call to Spiritual Reformation* (Leicester: IVP, 1992), 37.

parte de esta guía de estudio hemos comentado respecto a «orar un pasaje de la Biblia» como una manera de aprender sus verdades. Esta es la forma de orar según los propósitos de Dios.

Entonces, el ejemplo final de Santiago es Elías, un personaje común como todos nosotros, pero que decidió depender de Dios. La oración lo llevó a la presencia del Dios sabio y poderoso, del Dios que cumple sus promesas.

¿De qué manera podrías usar las promesas de Dios cuando ores?

¿Cómo podrías mejorar tu compromiso de «orar hasta que ores»?

Todos sabemos que orar es difícil. ¿Qué ideas prácticas podría proponer el grupo para mejorar este aspecto de la vida cristiana?

Conclusión

Hemos estudiado acerca de la paciencia que sabe esperar y sobre la oración de fe, pero los versículos finales de la epístola se refieren a un asunto más que es importante.

La comunidad de amor (5.19–20)

Hemos llegado al final de la epístola, y ¿sabes qué?, no hay bendición final, ni saludos finales ni exhortación alguna para que se haga algo. Así es Santiago. El asunto que le preocupa es una continuación del que vimos en el capítulo 1: «Los pies que andan por el camino de la sabiduría». A lo largo de su epístola, hemos visto dos caminos opuestos.

> Hermanos míos, si alguno de ustedes se extravía de la verdad, y otro lo hace volver a ella, recuerden que quien hace volver a un pecador de su extravío lo salvará de la muerte y cubrirá muchísimos pecados. (*5.19–20*)

Existe la posibilidad de que los cristianos se salgan del camino de la sabiduría. Santiago nos advierte en 1.16: «No se engañen», no se alejen de la verdad, no permitan que los desvíen del camino de la sabiduría, de la conducta correcta. No se aparten del buen camino. Claro que solo Dios nos puede salvar; solo la obra de Cristo cubre nuestros pecados. Entonces, no debemos malinterpretar las palabras de Santiago. Sin embargo, la responsabilidad de llevar a la práctica todo lo que nos ha enseñado es una tarea *comunal* y también personal. Esta es la razón por la que, al final, a aquellos que han oído y obedecido, Santiago los alienta a que también se esfuercen en hacer volver al pecador de su mal camino. Es muy común que las presiones de las pruebas nos empujen fuera de la senda. Algunos comentaristas afirman que la Epístola de Santiago es una continuación del llamado a la oración, porque esto es lo más concreto que podemos hacer por alguien que se encuentra en esa situación.

Muchas congregaciones son muy prolijas cuando reciben e incorporan a nuevos creyentes, lo cual es digno de elogio, y mantienen registros detallados de los congregantes y de quienes se han bautizado; pero no debemos olvidarnos de aquellos que dejan de venir. La comunidad de amor es aquella en la que se ora por los demás, se cuida al prójimo y se trabaja para que todos permanezcan en el camino de la sabiduría.

¿De qué manera crees que Santiago se ha imaginado la labor de aquellos creyentes que hacen volver del mal camino a los que se han apartado de la verdad? ¿De qué modo podríamos apoyarnos unos a otros con el propósito de evitar que haya menos creyentes que se alejan de la fe?

Repaso de la quinta parte:
Santiago 5.7–20

En toda su epístola Santiago nos alienta a ser hacedores íntegros de la Palabra:

> Los pies que andan por el camino de la sabiduría
> Las manos que cumplen las obras de la fe
> Los labios que hablan la verdad
> Los corazones que obedecen a Dios
> Las rodillas que confían en la gracia de Dios

El propósito de Dios para nosotros y la comunidad cristiana es que seamos como Cristo y que, por ello, manifestemos integridad y madurez, una vida íntegra y una fe genuina. Entonces, ¿qué debemos hacer con estos cinco temas de Santiago?

El evangelista estadounidense D. L. Moody dijo una vez que cuando predicaba tenía la impresión de que cada uno de sus oyentes le transmitía a su vecino de la hilera de atrás lo que escuchaba. Y así su mensaje iba pasando de hilera en hilera hasta alcanzar la puerta trasera, sin que nadie tomara en serio su contenido. Al estudiar Santiago, es como si hubiésemos estado mirando a un espejo, viendo fijamente a aquella ley perfecta que da libertad. ¿Y qué sucede después? Sabemos que Santiago dijo: «No se contenten solo con escuchar la palabra [...]. Llévenla a la práctica». Fue Moody quien también afirmó que «toda Biblia debe ser encuadernada con suela de zapatos». Se trata de la verdad que se lleva a la práctica. Es el llamado a *andar por el camino de la sabiduría*.

Hemos visto en cada capítulo que *Dios nos da lo que pide de nosotros.*[49] Tenemos privilegios y responsabilidades. Pablo dijo: «... lleven

---

[49] Nota del traductor: Hemos omitido la cita de San Agustín que aparece en el original (*Without God, we cannot; without us, God will not*), porque la consideramos espuria. Lo más cercano a la idea de la cita en inglés se encuentra en el sermón 169, 11, 13: «[Dios] que te ha creado sin ti, no te salvará sin ti» (*[Deus] Qui ergo fecit te sine te, non te iustificat sine te*).

a cabo su salvación con temor y temblor, pues Dios es quien produce en ustedes tanto el querer como el hacer para que se cumpla su buena voluntad» (Fil 2.12–13).

Para reflexionar

Hemos visto a lo largo de la Epístola de Santiago una variedad de exhortaciones para que tomemos acciones determinadas y seamos obedientes con fidelidad, junto con las misericordiosas promesas de Dios que nos ofrecen su auxilio. Ahora que estamos por finalizar este estudio, repasemos aquellos dos versículos de Filipenses 2.12–13 y escribamos cada uno de ellos en hojas separadas:

… lleven a cabo su salvación.

… pues Dios es quien produce en ustedes tanto el querer como el hacer.

Debajo de cada encabezado escribe lo que estas frases significan para ti y tu congregación. Cada descripción que escribas conviértela en una oportunidad para agradecer a Dios por su provisión, y ruégale que te dé una mayor entrega y valor para que vivas la vida que a Él le agrada, esto es, como íntegro hacedor de la Palabra.

Sociedad Langham

La Sociedad Langham es una comunidad mundial que trabaja con el ánimo de cumplir la visión que Dios encomendó a su fundador, John Stott, consistente en:

facilitar el crecimiento de la iglesia en madurez y en semejanza a Cristo, elevando los niveles de predicación y enseñanza bíblica.

Nuestra visión es ver que las iglesias del mundo mayoritario estén equipadas para la misión y creciendo hacia la madurez en Cristo a través del ministerio de sus pastores y líderes, quienes creen, enseñan y viven por la Palabra de Dios.

Nuestra misión es fortalecer el ministerio de la Palabra de Dios:
- fortaleciendo movimientos nacionales de predicación bíblica;
- favoreciendo la creación y distribución de literatura evangélica; y
- elevando el nivel de la educación teológica evangélica, especialmente en países donde las iglesias carecen de recursos.

Nuestro ministerio

Langham Predicación se asocia con líderes nacionales que estimulan movimientos locales de predicación bíblica para pastores y predicadores laicos en el mundo entero. Con el apoyo de un equipo de capacitadores provenientes de diversos países, se desarrolla un programa de seminarios a diversos niveles que proveen capacitación práctica, al cual le sigue un programa que busca formar facilitadores locales. Los grupos locales de predicación (escuelas de expositores) y las redes nacionales y regionales se encargan de dar continuidad a los programas e impulsar su desarrollo ulterior con el fin de construir un movimiento vigoroso comprometido con la exposición bíblica.

Literatura Langham provee a los pastores, seminarios y académicos del mundo mayoritario libros evangélicos y recursos electrónicos mediante becas, descuentos y mecanismos de distribución. El programa también auspicia la producción de literatura evangélica para pastores en diversos idiomas a través de talleres para escritores y editores, respaldo a la tarea literaria, traducciones, fortalecimiento de las casas editoriales evangélicas e inversiones en proyectos regionales de literatura, tales como el *Comentario Bíblico Contemporáneo.*

Langham Becas provee apoyo financiero para estudiantes evangélicos a nivel doctoral provenientes del mundo mayoritario, de tal manera que, una vez que regresen a sus países, puedan capacitar pastores y a otros líderes cristianos brindándoles una sólida formación bíblica y teológica. Éste es un programa que equipa a quienes van a equipar a otros. *Langham Becas* trabaja igualmente con seminarios del mundo mayoritario fortaleciendo su educación teológica. Un número creciente de académicos de *Langham Becas* estudia en programas doctorales de alta calidad en reconocidos centros del mundo mayoritario. Además de formar a la siguiente generación de pastores, los graduados de *Langham Becas* ejercen una influencia significativa a través de sus escritos y su liderazgo.

Para obtener más información sobre la *Sociedad Langham* y el trabajo que desarrollamos visítenos en www.langham.org.

www.ingramcontent.com/pod-product-compliance
Lightning Source LLC
LaVergne TN
LVHW010528200726
843506LV00013B/2749